LI ZHENSHENG • ROTER NACHRICHTENSOLDAT

EIN CHINESISCHER FOTOGRAF IN DEN WIRREN DER KULTURREVOLUTION

Herausgegeben von Robert Pledge

Bearbeitung des Textes von Li Zhensheng: Jacques Menasche

Vorwort von Jonathan D. Spence

ROTER NACHRICHTEN-SOLDAT

LI ZHENSHENG

Kalligraphie von General Zhang Aiping, dem ehemaligen Vizepremier- und Verteidigungsminister: „Lasst die Geschichte die Zukunft gestalten. Li Zhengshengs Fotoband über die Kulturrevolution“

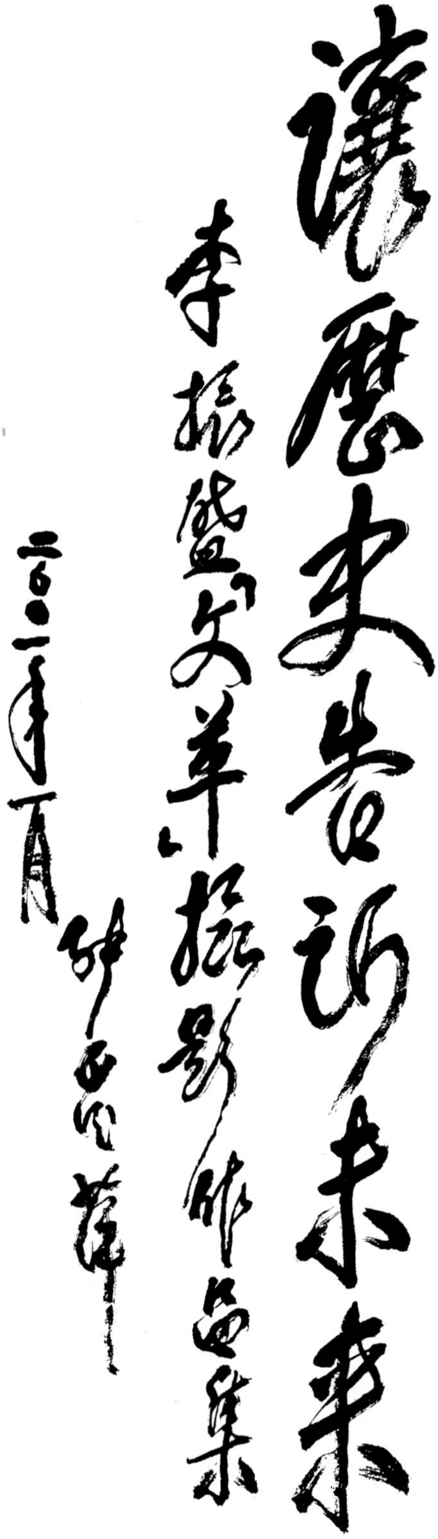
讓歷史告訴未來
李振盛文革攝影作品集

Roter Nachrichtensoldat, so lautet die Übersetzung der fünf chinesischen Schriftzeichen auf der Armbinde, die Li Zhensheng und seine Rebellengruppe Ende 1966, acht Monate nach dem Ausbruch der Großen Proletarischen Kulturrevolution, in Peking erhielten.

Mao Tse-tung und seine Kulturrevolution wurden im Westen lange Zeit mit Staunen und Faszination – nur sehr selten mit Entsetzen – wahrgenommen. Ende der 1960er, Anfang der 1970er Jahre waren aufrührerische Studenten auf der ganzen Welt vom Stil der Roten Garden mit ihren Schuldzuweisungen und Parolen beeindruckt, und Andy Warhol produzierte in New York seine Siebdrucke von Mao, dem „Großen Steuermann". Verglichen mit der Berichterstattung über die heutige chinesische Gesellschaft, wird das Chaos dieser Periode nach wie vor in romantisierender und idealisierender Weise dargestellt.

Gerade deshalb war es an der Zeit, ein klareres und wahrheitsgetreueres Bild jenes Aufruhrs zu vermitteln, der während der Kulturrevolution in China das Unterste zuoberst kehrte. Li Zhenshengs außergewöhnliches fotografisches Vermächtnis bringt diese Wahrheit schwarz auf weiß zum Ausdruck. Mit seinem Einverständnis wurden vorab einige Richtlinien vereinbart: Keines der Fotos durfte beschnitten werden, die Bilder sollten in möglichst genauer chronologischer Reihenfolge präsentiert werden, um den historischen Prozess bestmöglich nachzuzeichnen. Präzise Bildlegenden sollten die Fotografien ergänzen, wobei die Fakten durch genaue Recherche und anhand der Archive des *Heilongjiang Tagblatts,* bei dem Li achtzehn Jahre lang gearbeitet hatte, überprüft werden sollten.

Über einen Zeitraum von mehreren Jahren schickte Li etwa dreißigtausend kleine braune Papierkuverts, die mit Gummibändern zusammengehalten und nach wechselnden Kriterien wie Chronologie, Ort, Filmtyp etc. geordnet waren, an die Büros von Contact Press Images in New York. Jedes Kuvert enthielt ein einzelnes Negativ in einem Pergamin-Schutzblatt. Manche waren nicht angetastet worden, seit Li sie 35 Jahre zuvor aus den Original-Negativstreifen ausgeschnitten und versteckt hatte. Auf jedes Kuvert hatte Li in zierlicher chinesischer Kalligraphie detaillierte Bildlegenden geschrieben; Kommunen und Bezirke, Namen, Titel und besondere Ereignisse – alles wurde sorgfältig notiert. Wie auch Lis schriftliche Aufzeichnungen zeigen, sind seine Erinnerungen an diese Zeit sehr deutlich und in vielen Einzelheiten lebendig.

Drei Jahre lang, von 2000 bis 2003, traf sich eine kleine Gruppe – Li, der Übersetzer Rong Jiang, der Schriftsteller Jacques Menasche und ich (später kam noch Lis Tochter Xiaobing hinzu) – fast jeden Sonntag, um die Geschichte einer größtenteils unbekannten Ära Stück für Stück gemeinsam zu rekonstruieren. Bei diesen anstrengenden und mitunter auch sehr angeregten Zusammenkünften brüteten wir über Archiven und wissenschaftlichen Dokumenten, führten Interviews, sahen die Fotos durch oder hörten Li zu, wenn er Revolutionslieder aus jener Zeit sang.

Während der Kulturrevolution wurde ganz China zu einer Theatervorführung, an dem auch das Publikum zunehmend partizipierte – vom ärmsten Bauern, der eine „Kampfversammlung" besuchte, über den „Klassenfeind" in der erzwungenen Pose der Demütigung und seltenen Auftritten des Führers, der aus einem Jeep Denunzianten und Denunzierten zuwinkte, bis hin zu den Rebellen und Konterrevolutionären, den Roten Garden und der alten Garde – sie alle spielten ihre Rolle. Mit Armbinden und Fahnen, Bannern, Wandzeitungen und den Kleinen Roten Büchern als Requisiten wurde die Bühne von einem unerreichbaren Star beherrscht, der von Millionen Statisten umgeben war, die jubelten oder verstummt waren.

Li ist es zu verdanken, dass scheinbar anonyme Gesichter und Plätze einen Namen und eine Identität erhielten. Er zeigt, dass jene surreal anmutenden Ereignisse nur allzu real waren. Durch sein Objektiv wirken diese Menschen und Geschehnisse aus dem fernen China plötzlich nah, universell und, ja, vertraut, denn sie erinnern uns an die Ereignisse in Chile, Iran, Ruanda, Bosnien, Afghanistan und dem Irak. Die Kulturrevolution hat der Frustration und dem Zorn einer neuen Generation Bahn gebrochen, jungen Menschen, die die Welt verändern wollten, deren Kraft von den Machthabern jedoch zu einem ganz anderen Zweck instrumentalisiert wurde: der eigenen uneingeschränkten Herrschaft. In den späten 1960er Jahren kam es auch in anderen Städten, auf anderen Kontinenten zu Studentenbewegungen, die aber nie in eine so vorsätzliche Gewalt mündeten, wie sie die chinesischen Machthaber entfachten.

Wir werden Li immer zu Dank verpflichtet sein, weil er, um die Bilder dieses Buches zu bewahren, so viele Risiken einging und sie durch eine Zeit hinüber rettete, in der die meisten seiner Kollegen zuließen, dass ihre Negative vernichtet wurden. Li war, wie aus vielen Selbstporträts in diesem Band hervorgeht, ein junger Mann auf der Suche nach sich selbst, einer, der Spuren seiner Existenz und seinem Traum von Individualität und einer besseren Welt hinterlassen wollte. Lis primäres Anliegen und auch Anliegen dieses Buches ist die historische Wahrheit: die Neubetrachtung jener gespenstischen und tragischen Ereignisse der Großen Proletarischen Kulturrevolution.

Robert Pledge

Wusuli
Raohe
Songhua
Gan
Beian
Baoqing
Jiamusi
Nemor
Huanan
Baiquan
Qingan
Lindian
Qiqihar
Bayan
Daqing
Binxian
HARBIN
Acheng
Mudanjiang
Shuangcheng
Wuchan

RUSSLAND
KIRGISTAN
MONGOLEI
Jilin
NORDKOREA
Changchun
Dalian
JAPAN
Peking
Siping
Bezirk Rongcheng
SÜDKOREA
Schanghai
CHINA
PAKISTAN
NEPAL
TAIWAN
INDIEN
THAILAND
VIETNAM
BURMA

Ein Bauer und Aktivist als Agitator bei einer Massenkundgebung auf dem Lande während der Sozialistischen Erziehungsbewegung in der Provinz Heilongjiang. 12. Mai 1965

Li Zhensheng: Fotograf einer Zeit des Schreckens

von Jonathan D. Spence

Die meisten Historiker, so auch ich, gehen davon aus, dass es umso leichter ist, ein bestimmtes Ereignis zu interpretieren und zu verstehen, je länger es zurückliegt. Diese Generalisierung ist im Falle der chinesischen Kulturrevolution, die das Land für ein ganzes Jahrzehnt, von 1966 bis 1976, ins Unglück stürzte, jedoch unzutreffend. Im Gegenteil, je mehr Zeit vergeht, umso schwieriger wird es, eine der katastrophalsten und kompliziertesten Massenbewegungen und politischen Umwälzungen, die China je erlebt hat, zu verstehen. War dies der letzte chaotische Versuch von Mao Tse-tung, der Nation, die er beherrschte, seine revolutionäre Vision aufzuzwingen? Wenn ja, wie ließ sich dann der Kult um seine Person mit der strikten kommunistischen Parteidisziplin verbinden? War er sich der Konsequenzen seiner Worte und Taten bewusst? Haben die Politiker, insbesondere jene, die sich um Maos Frau in Schanghai sammelten, lediglich zynische Szenarien durchgespielt oder haben sie die unglaublichen Dinge, die sie über ihre ehemaligen Genossen sagten, tatsächlich geglaubt? Wie war es möglich, dass Millionen Jugendlicher – Burschen wie Mädchen – auf Maos Rhetorik, seinen bewussten Aufruf zur Unordnung, hereinfielen? Wie war es möglich, dass sich Parteifunktionäre in verantwortungsvollen Positionen so schnell Parolen skandierenden Teenagern ergaben? Aus welcher Quelle entsprang die jugendliche Gewalt, und mit welcher Begründung konnten die einzelnen jungen Menschen die brutalen und oft verhängnisvollen Strafen, Schläge und Demütigungen, die sie den Alten zufügten, rechtfertigen? Und wenn sie für diese Gewalt eine Begründung hatten, welche persönlichen Rechtfertigungen hatten sie für die erbitterten Kämpfe, die sie gegen andere so genannte Revolutionäre aus Studentenreihen führten?

Sollten wir eines Tages wirklich in der Lage sein, solche Fragen zu beantworten und nicht nur die persönlichen Motivationen, sondern auch die verborgenen Bedeutungen der Kulturrevolution zu verstehen, dann aufgrund von Dokumentationen, die Zeitzeugen wie dem Fotografen Li Zhensheng zu verdanken sind. Auf Tausenden von Fotografien, die er ab Mitte der 1960er bis Anfang der 1980er Jahre machte, zeichnet Li die Geschehnisse während der Kulturrevolution in Chinas nördlichster Provinz Heilongjiang in und um die Stadt Harbin nach. Als offizieller Fotograf einer staatlich kontrollierten Zeitung führte er in gewisser Weise nur Aufträge aus; doch als junger Mann mit Scharfblick leistete er darüber hinaus noch etwas viel Komplexeres: Er zeichnete menschliche Tragödien und persönliche Schicksale mit einer Präzision auf, die ein dauerhaftes Vermächtnis nicht nur für seine Zeitgenossen, sondern auch für die Generation seiner Landsleute darstellt, die diese Zeit selbst nicht miterlebte. Und auch wir im Westen können angesichts der Vielfalt seiner Bilder etwas von den quälenden Paradoxe verstehen, die zentrale Momente dieser langwierigen menschlichen Katastrophe waren.

Harbin, der Ort, der im Brennpunkt von Lis Bildern der Kulturrevolution steht, ist im Vergleich zu Chinas langer Geschichte eine junge Stadt. Sie entstand Ende des 19. Jahrhunderts als Verkehrsknotenpunkt rund um die Brücke, über die die neu erbaute Ostchinesische Eisenbahn den Sungari überquerte (sie wurde mit Geldern der russischen Regierung finanziert, um die Strecke nach Wladiwostok zu verkürzen, das nur über die nördlicher verlaufende Transsibirische Eisenbahn erreichbar war). Innerhalb weniger Jahre wurde die junge Stadt durch ein weiteres Bahnprojekt mit einem Schienennetz in der südlichen Mandschurei verbunden, das nach Mukden (und von dort nach Peking) sowie nach Korea führte. Trotz des bitterkalten Klimas wuchs die neue Stadt rasch, als japanische Investitionen zu den russischen hinzukamen und chinesische Siedler in die Region strömten, um von den reichen Mineralien- und Holzvorkommen und den Getreideressourcen der Region zu profitieren. Während der 1930er und 1940er Jahre entwickelte sich Harbin unter japanischer Herrschaft zu einer der bedeutendsten Städte im kurzlebigen Staat Mandschukuo. In den späten 1940er Jahren wurde Harbin, nach einer kurzen Periode sowjetischer Besetzung Ende des Zweiten Weltkriegs, das Zentrum des kommunistischen Stützpunktgebiets, von dem aus China unter kommunistischer Herrschaft 1949 erfolgreich geeinigt wurde. Als Hauptstadt von Heilongjiang wuchs Harbin unter den Kommunisten zu einer Stadt mit mehr als zwei Millionen Einwohnern heran und wurde zum bedeutendsten politischen und industriellen Zentrum des Nordostens. Durch das Zusammenwirken all dieser Faktoren spielten die Kommunistische Partei und die Militärchefs der Mandschurei in der Zeit nach dem ersten Sieg eine bedeutende Rolle in den Plänen Pekings für die Zukunft des Landes, Mitte der 1950er Jahre wurden sie aber auch Opfer unbarmherziger Säuberungsaktionen.

In China hatte man sich bereits lange vor dem Ausbruch der Kulturrevolution im Jahr 1966, als Li noch die Schule besuchte, an Massenbewegungen verschiedenster Art gewöhnt. Dazu zählten Kampagnen gegen das Engagement der Vereinigten Staaten im Koreakrieg, massive Proteste gegen den angeblichen Einsatz biologischer Kampfstoffe durch die Amerikaner in der Mandschurei, die Umstrukturierung ganzer Landgemeinden im Namen der Landreform, Übergriffe der gesamten Bevölkerung gegen natürliche „Feinde" wie Vögel, Nagetiere, Schlangen und Insekten, Attacken gegen urbane „Kapitalisten" und gegen jene, die mit Ausländern zusammengearbeitet hatten, organisierte Kritik an Schriftstellern und Künstlern, die von den Normen des sozialistischen Realismus abwichen und des kulturellen Revisionismus bezichtigt wurden sowie Kampagnen gegen Bürokraten, die ihre persönlichen Interessen nicht zurückstellen und selbstlos für den sozialistischen Staat arbeiten konnten. Ende 1958 wurden diese vielen Kampagnen unter dem noch revolutionäreren Banner des Großen Sprungs nach vorn zusammengefasst: Durch die Volkskommunen wurde der Nation landwirtschaftliche und industrielle Autarkie aufgezwungen. Die Volkskommunen wurden als riesige zentralisierte Agrargemeinschaften konzipiert, die so verschiedene Bereiche wie Landwirtschaft, lokale Industrie, Verteidigung gegen ausländische Aggressoren, Kindererziehung und Kochen, Gesundheitsvorsorge und Kulturproduktion vereinen sollten. Innerhalb weniger Jahre erwiesen sich die Kommunen als fataler Fehler, da sie auf hoffnungslos unrealistischen Wachstumsprognosen basierten, die sowohl das Land als auch die Menschen erschöpften und zu einer katastrophalen Hungersnot führten, die von 1959 bis 1962 das ganze ländliche China heimsuchte.

Auf diesen Trümmern begann Mao, mit Hilfe zuverlässiger Generäle der Volksbefreiungsarmee, die Struktur revolutionärer Veränderung aufzubauen. Die Große Proletarische Kulturrevolution, wie sie Mao vorschwebte, würde ein- für allemal politischen „Revisionismus" und einen Rückfall in die Bürokratie ausschalten und die Restauration des Kapitalismus unmöglich zu machen, indem die revolutionären Energien der gesamten Gesellschaft von den Jüngsten bis zu den Ältesten in den Kampf miteinbezogen würden. Dieser Zeitenwandel sollte niemanden verschonen und das gesamte Leben einbeziehen. Die Erziehung würde ausschließlich auf die Werte landwirtschaftlicher und industrieller Produktion ausgerichtet werden, herkömmliche Schulen und Colleges würden geschlossen. Eine neue soziale und revolutionäre Kraft, die Roten Garden, sollte aus dieser Befreiung der Energien hervorgehen und sich der Zerstörung der alten Ordnung, alter Ideen, alter Sitten, alter Kunstformen widmen. Unbehindert vom althergebrachten Konservatismus lokaler Regierungen hätten sie freie Hand, um jede Veränderung vorzunehmen, die sie im Namen Maos als notwendig erachteten.

Dies war die Welt, die Li zu porträtieren beauftragt war, als er seine neue Stelle als Fotojournalist beim *Heilongjiang Tagblatt,* der führenden Zeitung von Harbin, antrat. Da er seine fotografische Dokumentation im Jahr 1964 begann, bekommen wir von seinen ersten Bildern zumindest einen Eindruck von den Kampagnen gegen den „imperialistischen" Vietnam-Krieg der Vereinigten Staaten und die 1965 bereits üblichen öffentlichen Kampfversammlungen gegen Bauern, die als „Grundbesitzer" angeprangert wurden. Die ungeheuren Dimensionen dieser Massenversammlungen sind ebenso gut dokumentiert wie die ärmliche Kleidung und das verhärmte Aussehen der als Kapitalisten Angeklagten. Den Darstellungen der Schnellverfahren stehen Lis nicht minder sorgfältig gemachte Bilder von „korrekten" politischen Haltungen gegenüber – militärischer Drill, lokale Wahlen der Parteivertreter, Arbeiter, die gehorsam ihre sorgsam vorbereiteten maoistischen Texte singen – und über allem das omnipräsente Porträt Maos.

Obwohl wir heute wissen, dass viele der Vorbereitungen für die Kulturrevolution bereits ab Anfang 1966 in Schanghai und Peking getroffen wurden, ist aus Lis fotografischen Aufzeichnungen ersichtlich, dass die Woge revolutionärer Rhetorik und Aktionen Harbin erst Mitte August jenes Jahres wirklich erreichte. Ohne hier den Versuch unternehmen zu wollen, die Namen und offiziellen Positionen all der wichtigsten Akteure zu wiederholen, beschränke ich mich auf die Feststellung, dass die von Li akribisch dokumentierten Details der Ereignisse dieses Augusts eine unschätzbare Aufzeichnung einer sorgsam orchestrierten Abfolge sind: Sobald die Nachricht von der neuen Politik, die von den revolutionären Gruppen in Peking und Schanghai verbreitet wurde, nach Harbin vorgedrungen war, wandten sich die lokalen Parteibehörden rasch gegen die „alten Wege". Dies äußerte sich zunächst in der Zerstörung der lokalen buddhistischen Tempel, der öffentlichen Verbrennung buddhistischer Bilder, dem Verbrennen der Sutren und der öffentlichen Kritik an den Mönchen, die die Tempel betreuten. Doch gleichzeitig – eindrucksvoll dokumentiert auf den Fotos von Ende August und Anfang

September 1966 – wandten sich diese Angriffe auch gegen die führenden Parteifunktionäre von Harbin. Li hat diesen Männern, die gezwungen wurden, ein Schild zu tragen, das sie als Verbrecher brandmarkte, auf Stühlen zu stehen, um besser von der Zuschauermenge begafft werden zu können, und die verhöhnt wurden, indem man sie zwang, grotesk verlängerte Papierhüte zu tragen, ein unvergessliches Denkmal gesetzt. Eine von Lis brillantesten Sequenzen zeigt den ehemaligen Gouverneur von Heilongjiang, wie ihm das Haar von selbst ernannten lokalen Führungspersonen der Roten Garde in Zacken ausrasiert wird, eine Handlung, die deutlich zum Ausdruck bringt, dass diese Männer und Frauen die Revolution in ihren eigenen Kommunen nicht mehr unter Kontrolle hatten. Doch wurden diese Demütigungen von Pan Fusheng, dem neu ernannten ersten Sekretär des Kommunistischen Parteikomitees von Heilongjiang, einem Außenseiter in der Region ohne lokale Wurzeln, unterstützt und bis zu einem gewissen Ausmaß instrumentalisiert. Er und mehrere andere konnten ihre Macht bewahren und blieben von Demütigung verschont, indem sie ehemalige Genossen in der Partei denunzierten, die nicht die Weitsicht gehabt hatten, Vorkehrungen zu ihrem Schutz zu treffen.

Auf einigen von Lis frühen Fotografien dieser Umwälzungen sind die Porträts der Parteiführung in Peking deutlich zu erkennen: Neben Mao Tse-tung und Tschou En-lai sind die vertrauten Bilder von Chinas Staatsoberhaupt Liu Shaoqi und dem Generalsekretär der Partei Deng Xiaoping zu sehen. Ende des Jahres wurden beide Männer ihrer Ämter enthoben und Opfer politischer Säuberungsaktionen: Liu sollte kurz danach sterben, während Deng überlebte und China nach Maos Tod in eine neue Richtung führte.

Die Eskalation von Chaos und Gewalt ist auf den Fotos vom Sommer 1967 dokumentiert, als Li die Zerstörung von Eigentum und Bibliotheksbänden und einige Opfer der brutalen Kämpfe, die zwischen den diversen Gruppierungen der Roten Garden ausbrachen, im Bild festhalten konnte. Vielleicht ließ dieser Höhepunkt der Gewalt in Harbin und anderen Teilen Chinas Mao damals erkennen, dass die Zerstörung außer Kontrolle geraten war. Seine Lösung bestand darin, dass er der Armee eine entscheidende Rolle bei der Wiederherstellung der Ordnung zuwies – allerdings unter dem Vorwand revolutionärer Parteisolidarität, während die Gruppen plündernder Jugendlicher gleichzeitig entwaffnet und in abgelegene Landgebiete geschickt wurden, um „von den Bauern zu lernen“. Diese Veränderungen gingen jedoch nicht ohne weitere menschliche Verluste vonstatten: Im April 1968 fotografierte Li sieben Männer und eine Frau, die durch die Straßen geführt wurden und nebeneinander kniend vor den Augen der Zuschauer als Kriminelle und Konterrevolutionäre erschossen wurden. Tatsächlich scheint ihr Schicksal von der verworrenen politischen Situation in Harbin besiegelt worden zu sein, wo sich die Armee mit den so genannten progressiven Arbeitern vereinigt hatte, um die lokale „Anarchie“ in der Stadt in den Griff zu bekommen. Mit dem öffentlichen Tod dieser acht Menschen wurde offiziell demonstriert, dass die Ordnung nunmehr in der Hand des militärischen Zentrums lag. Was sie getan oder nicht getan hatten, war wohl irrelevant.

Nach 1969 konzentrierten sich die Medien, ermutigt von den Parteibehörden, größtenteils auf die „positiven“ Aspekte der Gesellschaft, die die chinesische Regierung als Beweis dafür präsentierte, dass die Ordnung wiederhergestellt war. Das demonstrativ zur Schau gestellte Wohlbefinden der Menschen, die ihr Leben optimistisch in die Hand nahmen, fügte sich ideal in eine Zeit, in der Maos Macht im Schwinden war, und verweist auf gewichtige Veränderungen in China. Zu diesem Zeitpunkt begann die Ära der „Pingpong-Diplomatie", Mao und seine Berater reagierten, trotz des noch andauernden Vietnamkriegs, auf die Annäherungsversuche der Vereinigten Staaten, die in der Folge Präsident Nixon Anfang 1972 nach Peking führten. Lis Kamera schwenkte von den Massenkundgebungen und aufgereihten Leichnamen zur inszenierten Treue der „Anti-Lin-Biao- und Anti-Konfuzius-Kampagne" von 1974. Dieses seltsame Projekt sollte zeigen, wie augenscheinlich revolutionäre Situationen reaktionäre Impulse zeitigen, und dass das Bedürfnis nach einer strengen autoritären Herrschaft in der chinesischen Gesellschaft noch gegeben war, da Mao, wenngleich alt und krank, immer noch die zweitausend Jahre alte Rolle von Chinas Gründungskaiser spielen konnte.

Bevor Li in den 1980er Jahren in Peking Fotografie zu unterrichten begann, hielt er ein weiteres Aufsehen erregendes Ereignis in seiner Heimat Heilongjiang im Bild fest. Die Welt hatte sich seit den Tagen der Kulturrevolution in China zumindest in einer Hinsicht verändert: Etwas wie eine kleine kapitalistische Bewegung war im Entstehen, da die Bauern durch langfristige Familienverträge mehr Rechte erhielten, ihr Land zu bebauen, sich in kleinen Nischen freie Märkte entwickelten und in einigen Städten mehr Spielraum für individuelles Unternehmertum zu beobachten war. In diesem veränderten ökonomischen Klima – Mao war tot und die verbleibenden Führer der Kulturrevolution inhaftiert – begann sich eine neue Art von „Aufdeckungsjournalismus" zu entwickeln, der die ungeheuren Probleme des Landes auf noch nie da gewesene Weise enthüllte. Eine der bekanntesten Enthüllungen betraf einen Fall in Heilongjiang, der 1978 öffentlich wurde. Eine Beamtin namens Wang Shouxin hatte es fertig gebracht, den Markt der Kohleversorgung zu beherrschen und ein kleines kommerzielles Reich, das auf Beziehungen, Profitgier, Zwang und Bestechung basierte, aufzubauen. Es war ein komplizierter Fall, dessen Aufklärung einige Zeit in Anspruch nahm. Als schließlich alle Fakten vorlagen, wurde Wang Shouxin erschossen. Ein letztes Mal konnte Li ein Bild von trauriger und einsamer Gewalt im Schnee von Heilongjiang aufnehmen. Die Behörde inszenierte Wangs Tod als exemplarische Bestrafung. Doch etwas an Lis Fotografien lässt uns zweifeln, ob die Dinge wirklich so einfach lagen. Vielleicht ist es Wang Shouxins Gesicht, wie sie uns vom Lastwagen der Armee, der sie zur Hinrichtungsstätte bringt, ansieht – ihr Kiefer von den Garden ausgerenkt, um sie zum Schweigen zu bringen. Vielleicht ist es die Ruhe, mit der sie auf dem kalten Boden kniet. Was es auch ist, es wird hier eine Doppeldeutigkeit sichtbar, die uns zwingt, uns weiterhin Fragen über die Bedeutung dessen zu stellen, was wir zu sehen glauben – ein adäquater Schluss für Li Zhenshengs außergewöhnliches Porträt einer Zeit des Schreckens.

Morgendämmerung auf dem Lande
in der Provinz Heilongjiang.
21. Dezember 1964

I. „REBELLION IST BERECHTIGT“

黑龍江日報

第4355期　1966年8月19日　星期五　夏历丙午年七月初四

毛泽东同志和林彪同志在天安门城楼上。　新华社记者摄（传真照片）

我们的伟大领袖、伟大统帅、伟大舵手毛主席在天安门城楼上向群众挥手致意。

我们伟大的领袖、伟大的统帅、伟大的舵手毛主席万岁！

无产阶级文化大革命是共产主义运动和社会主义革命的伟大创举

毛主席同百万群众共庆文化大革命

毛主席和林彪周恩来等同志接见学生代表并检阅文化革命大軍的游行队伍

毛主席說：“这个运动规模很大，确实把群众发动起来了，对全国人民的思想革命化有很大的意义。”

林彪周恩来同志发表重要讲话，北京哈尔滨长沙南京等地革命师生也讲了话

革命小将“红卫兵”，斗志昂扬，意气风发，他们听毛主席的话，在无产阶级文化大革命中争当革命闯将。新华社记者摄　（传真照片）

新华社北京十八日电　我們的偉大領袖、偉大統帅、偉大舵手毛主席，今天同北京和来自全国各地的百万革命群众一起，在无产阶級革命的中心，在我們偉大祖国的首都，在雄偉的天安門广場，举行了庆祝无产阶級文化大革命的大会。

今天清晨五时，太陽剛从东方地平綫上射出万丈光芒，毛主席便来到了人群如海、紅旗如林的天安門广場，会見了早已从四面八方汇集到这里的革命群众。毛主席穿一套草綠色的布軍裝。主席的軍帽上一顆紅星閃閃發光。毛主席走过天安門前金水桥，一直走进群众的队伍当中，同周圍的許多人紧紧握手，并且向全場革命群众招手致意。这时，广場上沸騰起来，人人双手高举过頂，向着毛主席跳躍着，欢呼着，拍着手。許多人把手掌心都拍紅了，許多人流下了激动的眼泪，他們欢喜地說：“毛主席来了！毛主席到我們中間来了！”广場上，万众放声高呼：“毛主席万岁！万岁！万万岁！”欢呼声浪一陣高过一陣，震蕩着首都的天空。

我們偉大的領袖毛主席，在今天上午整整六个多小时中，一直和百万革命群众在一起。在檢閱百万无产阶級文化革命大軍的庆祝游行时，毛主席和林彪同志肩并肩地站在天安門上，看着浩浩蕩蕩的游行队伍，高兴地对林彪同志說：**“这个运动规模很大，确实把群众发动起来了，对全国人民的思想革命化有很大的意义。”**

几万个系着紅袖章的“紅衛兵”們，英姿勃勃，象生龙活虎一样，在今天的大会上很引人注目。“紅衛兵”是首都大中学生在无产阶級文化大革命运动中創建的革命群众組織，他們表示要一輩子当保衛毛主席、保衛中国共产党、保衛祖国的紅色尖兵。在天安門城樓上，在天安門城樓两側东西的观礼台上，站滿了“紅衛兵”的代表。在天安門城樓上，在天安門广場上，在广場两側的东西長安街上，今天都由雄赳赳的“紅衛兵”維持会場秩序。

在大会进行中，师大女附中一个“紅衛兵”，登上天安門城樓給毛主席戴上了“紅衛兵”的袖章。毛主席和她亲切握手。城樓上下的“紅衛兵”，无限欢欣，有的一蹦尺把高，非常激动地說：“毛主席是統帅，我們是他的小兵。”有的說：“毛主席参加了我們的‘紅衛兵’，对我們是最大的支持和鼓舞。毛主席給我們撑腰，我們什么也不怕。”

（下轉第二版）

I.

Einen Tag nach meiner Geburt schrieb mein Vater meinem Großvater einen Brief, in dem er ihn bat, einen Namen für mich auszusuchen. Mein Großvater war nur ein einfacher Bauer aus der Provinz Shandong, hatte sich aber während der Qing-Dynastie auf die Beamtenprüfung der Provinz vorbereitet und war „im Umkreis von zehn *li* und acht Dörfern" als sehr gebildeter Mann bekannt. Er war es, der zur rechten Zeit allen neunzehn Enkeln, den Knaben wie den Mädchen, einen Namen geben sollte.

Mein Großvater konsultierte das Buch der Wandlungen, das *I Ging,* und kam zu dem Schluss, dass der günstigste Name für mich mit neunundzwanzig Pinselstrichen zu schreiben sei. Dem Namensstammbaum zufolge war *Zhen* der Generationsname für Knaben. Dahinter fügte mein Großvater *Sheng* an. Gemeinsam waren diese beiden Zeichen die Kurzform für: „Wie ein aufsteigendes Lied wird dein Ruhm die vier Himmelsrichtungen der Welt berühren." Aus diesem Namen weissagte mein Großvater dann mein Schicksal: Ich würde kein Arbeiter werden, lautete die Prophezeiung. Ich würde die Universität besuchen, Geld machen, und mein Ruhm würde sogar den seinen übersteigen. Mein Leben würde voller Hindernisse sein, aber ich würde überleben. Denn ich würde immer Hilfe finden, wenn ich sie brauchte, und im hohen Alter ein sorgenfreies Leben führen.

Dies war im Herbst 1940. Die Hafenstadt Dalian in der Provinz Liaoning, in der meine Eltern lebten, war, ebenso wie der übrige Nordosten Chinas, Teil des Marionettenstaates Mandschukuo, der von den Japanern besetzt war, und es gab nur wenig Anlass zum Optimismus. Mein Vater war Koch auf einem Dampfschiff, ein sehr guter Koch, und fuhr manchmal nach Hongkong, Taiwan, ja sogar nach Singapur, doch als es wegen der Kämpfe während des Zweiten Weltkriegs zu einem Rückgang in der Schifffahrt kam, verlor er seine Arbeit. Dann, ich war drei Jahre alt, starb meine Mutter, wenige Monate, nachdem sie meine jüngere Schwester geboren hatte. An meine Mutter fehlt mir jede Erinnerung.

Nach ihrem Tod beschloss mein Vater, um den Kriegswirren zu entkommen, die Familie zurück in seine Heimat zu bringen, einem kleinen Dorf im Bezirk Rongcheng in der Provinz Shandong, die unter der Kontrolle anti-japanischer Nationalisten und Kommunisten stand. Es gab aber noch einen weiteren Grund. Wie viele Männer seiner Generation hatte mein Vater zwei Frauen. Als er meine Mutter in Dalian heiratete, war er bereits mit einer anderen Frau in seinem Heimatort verheiratet. Er hatte sogar einen Sohn mit ihr. Nach dem Tod meiner Mutter schrieb ihm seine erste Frau einen Brief, in dem sie ihn aufforderte, in das Dorf zurückzukommen und ihm anbot, für mich und meine Schwester zu sorgen.

Im September 1944, als ich vier Jahre alt wurde und meine Schwester Shufang noch kaum ein Jahr alt war, verließ unser Schiff den Hafen von Dalian. Ich erinnere mich, dass es Nacht war und ich nichts sehen konnte. Am Morgen, nachdem wir in Weihai, auf der anderen Seite der Bucht von Bo Hai, angekommen waren, fuhren wir auf einem Pferdewagen zu unse-

Titelseite des *Heilongjiang Tagblatts* vom 19. August 1966 mit einem Bericht über Mao Tse-tungs ersten Auftritt vor den Roten Garden am Tiananmen-Platz in Peking, der am Vortag stattgefunden hatte. Die Schlagzeile unter den Fotos von Mao und Marschall Lin Biao lautet: „Der Parteivorsitzende Mao feiert mit Millionen von Menschen die Große Kulturrevolution".

rem Dorf, das 50 Kilometer entfernt lag. Sobald wir eines der sehr tief fliegenden japanischen Flugzeuge sahen, fürchteten wir uns, sprangen vom Wagen und versteckten uns in den Feldern neben der Straße.

Das Dorf Rongcheng hatte etwa dreihundert Einwohner. Wir lebten in einem Bauernhaus aus Stein und Ziegeln mit Lehmboden. Keine Elektrizität, nur Gaslampen. Kein fließendes Wasser, nur ein Dorfbrunnen in zwei Kilometern Entfernung – wir wohnten alle in einem Zimmer: meine Schwester und ich, mein Vater und seine Frau und mein Halbbruder Zhenli, der acht Jahre älter war als ich.

Li Zhensheng mit seinen Eltern am Vorabend seines ersten Geburtstags in Dalian, Provinz Liaoning. 22. September 1941

Das Leben auf dem Land war hart. Mein Vater musste auf dem Feld arbeiten. Ich war erst sieben oder acht, erinnere mich aber, dass ich ihm half, den Weizen zu ernten, ja, sogar den Pflug zu ziehen. Wir verwendeten Spaten und machten alles mit den Händen. Ich weiß noch, dass wir einmal zu zweit versuchten, einen einrädrigen Karren voll beladen mit Dünger einen Hügel hochzuziehen. Ich musste voran gehen und so sehr ich auch zog, der Wagen bewegte sich nicht von der Stelle. Als ich mich Hilfe suchend zu meinem Vater umsah, rief er: „Warum drehst du dich um? Zieh stärker! Geh weiter!“ – Er wusste selbst nicht, wie man es anstellen sollte.

Nachdem er die Arbeit in der Stadt verloren hatte und auch mit dem Landleben nicht mehr zurechtkam, wurde mein Vater aufbrausend und unbeherrscht. Er stritt oft mit seiner Frau. Das war besonders hart für ihren Sohn Zhenli, dessen Mutter im Grunde genommen all ihre Liebe auf mich und meine Schwester übertrug. Sie nahm uns auf wie eigene Kinder, und auch wir betrachteten sie als unsere Mutter. Besonders zu Shufang fühlte sie sich hingezogen, die sehr zerbrechlich war. Viele äußerten meinem Vater gegenüber sogar die Befürchtung, dass sie nicht überleben würde, aber unsere neue Mutter überschüttete sie mit Zuneigung – sobald die Henne ein Ei legte, kochte sie es für Shufang – und so ging es ihr bald besser.

Während der Kämpfe der Nationalisten und Kommunisten um die Provinz schlossen sich einige den Truppen von Chiang Kai-shek, andere jenen von Mao Tse-tung an. Zhenli trat in die Revolutionsarmee ein. Er war erst 16, gab sich aber als älter aus, um aufgenommen zu werden. In der Armee konnte er für sich selbst sorgen, unabhängig sein; die Streitsucht meines Vaters, die Umorientierung der Liebe meiner Mutter, dies waren, wie ich glaube, die eigentlichen Gründe für sein Weggehen – er fühlte sich vernachlässigt. Zeit meines Lebens empfand ich deshalb Schuldgefühle. Mehr als 50 Jahre sind vergangen, und noch immer kann ich den Namen meines Bruders nicht aussprechen, ohne dass mir Tränen in die Augen steigen.

Zhenli war in Maos Volksbefreiungsarmee, als er im September 1949, wenige Wochen vor Ende des Bürgerkriegs in einem Ort namens Mouping getötet wurde. Er war siebzehn Jahre alt. Eines Tages kam ein Dorfkader in unser Haus, und nachdem er gegangen war, brach meine

Mutter in Tränen aus. Dann brachten sie ein hölzernes Schild an der Tür an, auf dem stand: „Glorreiche Familie eines Märtyrers". Ich war erst neun, doch begann ich zu verstehen, was um mich herum geschah. Ich kann mich noch deutlich erinnern, dass später, während des Frühlingsfestes, dem chinesischen Neujahr, die Dorfkader eine Gruppe von Menschen zu unserem Haus führten, die Trommeln und Gongs schlugen und eine rote Laterne davor aufhängten. Auf der anderen Straßenseite bekam eine andere Familie, die ihren Sohn in Chiang Kai-sheks Armee geschickt hatte, eine schwarze Laterne. Das Gebiet war zwar von der Armee Maos befreit worden, aber man wollte sie demütigen. Meine Familie galt als revolutionär – mein Vater trat sogar in die Partei ein –, doch glaube ich nicht, dass sich meine Eltern wirklich um Politik kümmerten. Sie gehörten zum Bodensatz der Gesellschaft und versuchten einfach nur, zu überleben.

Da ich in der Landwirtschaft mithelfen musste, wurde ich erst mit neun Jahren eingeschult. Zu diesem Zeitpunkt, im Oktober 1949, wurde das neue China gegründet. „Geboren in der alten Gesellschaft, aufgewachsen unter der roten Fahne" – ein geflügeltes Wort für meine Generation –, ich war bei den ersten „chinesischen Jungpionieren", der ersten Gruppe, die das rote Halstuch trug. Meine Mutter schneiderte mir eines aus einem Stück rotem Tuch, ich erinnere mich, dass es zu kurz geriet und ich es höchst ungern trug. Unser Lehrer erklärte uns, das Halstuch sei ein Eckstück der roten Revolutionsfahne, gefärbt mit dem frischen Blut der Märtyrer. Ich dachte an das Blut meines Bruders.

Nach dem Krieg beschloss mein Vater, alleine nach Dalian zurückzukehren. Er ging nicht auf das Schiff zurück, sondern bekam Arbeit als Koch im Hospiz der Seemannsgewerkschaft. Er wollte, dass ich ein *Drache* würde, jemand, der Erfolg hatte. Und da der einzige Weg, ein Drache zu werden, über Bildung zu erreichen war, und die besseren Schulen in der Stadt waren, folgte ich ihm zwei Jahre später. Er lebte in einem Wohnheim für allein stehende Männer und hatte einen Zimmergenossen, weshalb ich unmittelbar nach meiner Ankunft bei meiner Großmutter mütterlicherseits unterkam. Doch jeden Sonntag ging mein Vater mit mir ins Kino, danach schliefen wir im Wohnheim. Es gab etwa ein Dutzend Kinos in Dalian. Sie zeigten keine amerikanischen Filme, nur Filme aus der Sowjetunion und anderen osteuropäischen sozialistischen Ländern wie Polen und der Tschechoslowakei. Zu jener Zeit waren die Beziehungen zwischen China und der Sowjetunion sehr gut. Es gab in der Stadt einen großen sowjetischen Marinestützpunkt. Alle Jungpioniere traten der chinesisch-sowjetischen Freundschaftsgesellschaft bei, und wir bekamen ein Zertifikat und eine kleine Anstecknadel mit einem Doppelprofil von Mao Tse-tung und Josef Stalin. Ich erinnere mich noch an den Slogan: „Die Sowjetunion von heute ist das China von morgen."

Familienfoto, das Li (der fünfte von rechts) mit seiner 4,5 x 6 cm-Kamera mit Selbstauslöser aufnahm. Lis Großvater Li Xingcun ist sitzend in der Bildmitte zu sehen. Kommune Lidao, Bezirk Rongcheng, Provinz Shandong. 18. Februar 1958

Vielleicht hing es damit zusammen, dass ich vom Land kam, jedenfalls war ich so begeistert von den Filmen, dass ich sogar all meine Eintrittskarten aufhob. Um das Geld für den Eintrittspreis zusammenzubekommen, sammelte ich leere Zahnpastatuben aus Aluminium. Ich konnte sie um ein paar *Fen* das Stück verkaufen, und eine Weile putzte ich mir die Zähne mit Bergen von Zahnpasta, damit die Tube rascher leer wurde – bis meine Großmutter es mitbekam und sehr ärgerlich wurde. Ich hatte noch einen weiteren Trick. Damals standen gewöhnlich Lautsprecher vor den Kinos, die den Ton nach draußen übertrugen, um Besucher anzulocken. Wenn ich mir keine Eintrittskarte leisten konnte, stand ich vor dem Lichtspieltheater, lauschte dem Film und versuchte, mir die Bilder vorzustellen. Ich machte mir sogar Notizen. Wenn der Film aus war, verglich ich sie mit dem, was meine Freunde mir über die Vorstellung erzählten.

58.10.1.

Li (außen rechts) mit Klassenkameraden während des Großen Sprungs nach Vorn vor dem antiimperialistischen Wandbild, das sie in der Nähe ihrer Schule in Dalian malten. 1. Oktober 1958

Ich zeichnete sehr gerne. Als ich in der Mittelschule war, studierte ich drei Abende die Woche Malerei an der Kunstakademie von Dalian. Als eines Tages ein Angestellter einer Textilfabrik eine meiner Zeichnungen in einer Studentenausstellung sah, beschloss er, meine Illustrationen für textile Blumenmuster zu verwenden. Später fanden auch andere Zeichnungen von mir Verwendung. Eine wurde sogar zur Vorlage für das Design eines Waschbeckens. Wie erfolgreich kam ich mir vor! „Das habe ich entworfen", dachte ich und beschloss, Maler zu werden.

1958 begann mit dem Großen Sprung nach vorn eine aufregende Zeit. In 15 Jahren, so sagte man uns, würden wir den Lebensstandard von Großbritannien und der Vereinigten Staaten eingeholt, ja überholt haben. Jeder sammelte Altmetall, um die Stahlproduktion des Landes anzukurbeln, und überall in der Stadt gab es improvisierte Hochöfen, die es einschmolzen.

Da ich gut zeichnen konnte, fragte man mich, ob ich einem Team angehören wollte, das mit einem großen Wandgemälde beauftragt war. Wir malten ein 15 Fuß langes Drachenboot, das durch die Wellen schnitt. Darauf waren chinesische Arbeiter und Bauern mit Trommeln und Gongs zu sehen, die ihren Sieg über Amerika und Großbritannien feierten, dargestellt durch zwei kleinere Boote, die hinter ihnen zurückblieben und deren Besatzung verzweifelt auf das Drachenboot starrte. Ich hatte wirklich das Gefühl, einen Beitrag für die Gesellschaft zu leisten.

Ungefähr zu dieser Zeit gründete der Physiklehrer unserer Mittelschule einen Foto-Klub. Da er wusste, dass ich gut im Malen war, bat er mich, Gruppenleiter zu werden. Die Schule besaß eine in der Tschechoslowakei hergestellte 120 mm-Kamera vom Typ Brownie, die von allen benutzt wurde. So begann ich zu fotografieren. Mein Interesse an der Fotografie wuchs, als ich eine Ausstellung künstlerischer Fotografie aus der Sowjetunion besuchte und danach Postkarten vom Moskauer Weltjugendfestival 1956 zu sammeln begann, größtenteils malerische Landschaftsaufnahmen. Auch die Fotos rund um die Filmplakate vor den Kinos hinterließen einen großen Eindruck, da ich mich lange in sie vertiefte, während ich den Filmen lauschte, die drinnen gezeigt wurden.

Damals gab mir mein Vater jeden Monat acht *Yuan,* die heute etwa einem Dollar entsprechen. Das meiste davon gab ich für Essen aus, doch mit dem bisschen Geld, das ich mir ersparen konnte, begann ich Briefmarken zu sammeln. Mit der Zeit trug ich eine Sammlung aus vielen Ländern zusammen, die ich nach Themen geordnet hatte: Schriftsteller, Dichter, Maler, berühmte Gemälde – es hatte immer etwas mit Bildender Kunst oder Kultur zu tun. Die Briefmarkensammler trafen sich an einer bestimmten Ecke in der Nähe des Postamts an der *Jiefang*-Brücke, des größten in der Stadt. Eines Tages lernte ich dort einen Mann mittleren Alters kennen, der eben erst mit dem Sammeln begonnen hatte. Er hatte keine der Marken, die ich besaß, und war so sehr erpicht darauf, dass er mir für 200 Marken eine japanische 120 mm-Kamera anbot. Meine erste Kamera erhielt ich also im Tausch gegen Briefmarken.

Der Besitz einer Kamera war damals ein wirklicher Luxus, und für einen Mittelschüler geradezu unglaublich. Nur: Ich konnte mir keinen Film leisten. Eine Filmrolle kostete einen *Yuan,* ein Achtel meines monatlichen Taschengeldes. Doch wussten alle meine Klassenkameraden, dass ich eine Kamera besaß und baten mich oft, Fotos von ihnen zu machen. Sie stellten den Film zur Verfügung – wobei sie manchmal ihr Geld zusammenlegten, um eine Filmrolle kaufen zu können – und als Gegenleistung überließen sie mir eines der 16 Bilder. Wenn ich diese Fotos für sie machte, war ich immer so akribisch auf Komposition und Licht bedacht, dass ich eine Filmrolle meist nicht an einem Tag und einem einzigen Schauplatz aufbrauchen konnte. Die übrige Zeit ging ich durch die Straßen, und wenn ich etwas Interessantes sah, schoss ich ein Foto. Damals hatte ich vor, eine Kunstschule zu besuchen. An Kinematographie verschwendete ich keinen einzigen Gedanken, da es in China nur eine Filmakademie gab, und die war in Peking.

Rechts: Li, fotografiert von seinem Mitschüler Zheng Lianyi vor dem Eingang der Filmschule während seines zweiten Jahres in Changchun, Provinz Jilin. 25. Dezember 1961.
Außen rechts: Premierminister Tschou En-lai (außen rechts) bei einer spontanen Besichtigung der Filmschule von Changchun. 22. August 1962

長春电影学院

Doch während des Großen Sprungs nach vorn wurde beschlossen, in jeder Provinz ein Filmstudio einzurichten, und da man dafür ausgebildete Leute brauchte, plante das Kulturministerium die Eröffnung von zwei neuen Filmschulen, eine in Schanghai und eine andere in Changchun.

Die Filmschule von Changchun befand sich in der Hauptstadt der angrenzenden Provinz Jilin, und die Aufnahmeprüfung wurde in vier verschiedenen Städten im Nordosten Chinas abgehalten, auch in Dalian. Obwohl es mein erstes Jahr an der Hochschule war, ermutigte mich mein Lehrer, die Aufnahmeprüfung zu versuchen. Zunächst habe ich es mir nicht zugetraut, doch schließlich wühlte ich mich eine Woche lang durch Berge von Büchern und versuchte, alles über Film zu lernen, ganz gleich ob aus dem Bereich Chemie, Physik oder Kunst, und beschloss, die Prüfung zu wagen.

Es ergab sich, dass die Prüfung im selben Gebäude abgehalten wurde, in dem ich meine Malklassen absolviert hatte. Es gab 160 Kandidaten für eine freie Stelle in der Abteilung Kinematographie, und alle saßen zusammen in einem großen Raum. Auf der Tafel standen Fragen wie: „Haben Sie die Werke von Konstantin Stanislawski gelesen? Was sind seine wesentlichen Ideen?“ Ein junger Mann hob die Hand. „Wer ist Stanislawski?“, fragte er. Niemand wusste es. „Ein sowjetischer Dramatiker“, rief ich. Alle drehten sich verwundert zu mir um. „Nun, welche Werke hat er geschrieben?“, fragte der Lehrer. Ich hatte einmal ein Buch von ihm in der Bibliothek durchgeblättert und antwortete: *Die Arbeit des Schauspielers an der Rolle*. Beeindruckt meinte der Lehrer: „Danke, das genügt.“

Natürlich lässt sich in einer Woche Studium nicht viel erreichen. Doch suchte die Kinematographie-Abteilung eigentlich einen Kandidaten, der gut zeichnen konnte. Man forderte uns auf, Skizzen anzufertigen: von einem Fuß, einem Gesicht, geometrischen Formen – und die drei Jahre, in denen ich in Abendkursen Malerei studiert hatte, machten sich nun bezahlt. Die Schule hatte fünf Abteilungen, darunter Regie, Drehbuch und Darstellende Kunst, und zwei dieser Abteilungen – Kinematographie und Drehbuch – wollten mich aufnehmen. Ich entschied mich für Kinematographie.

Trotz der Begeisterung der Bevölkerung erwies sich der Große Sprung nach vorn als eine Katastrophe, denn von 1960 bis 1962 wurde China von einer großen Hungersnot heimgesucht. Vermutlich starben mehr als 20 Millionen Menschen. Nahrungsmittel waren im ganzen Land knapp, und ich litt wie alle anderen an Unterernährung. Gerettet hat mich in jener Zeit meine Freundin Sun Peikui. Sie studierte an der Abteilung für Darstellende Kunst und wollte Schauspielerin werden. Unsere Schule befand sich auf dem Gelände des Changchun-Filmstudios, und wenn sich unsere Wege im Hof kreuzten,

Sun Peikui, Lis erste Liebe, vor einer Plakatwerbung für den Film *Li Jing Lu,* der auf einer chinesischen Oper basiert, in Harbin, Provinz Heilongjiang. 26. August 1966

荔鏡記
LIJINGJ

中华人民共和国万岁

Die Teilnehmer der Parade am Nationalfeiertag in Harbin tragen große Schriftzeichen aus Holz mit der Aussage „Lang lebe die Volksrepublik China“ sowie Fahnen, die die Profile von Marx, Engels, Lenin, Stalin und Mao Tse-tung zeigen. Im Hintergrund ist die russisch-orthodoxe Kathedrale der hl. Sophia zu sehen. 1. Oktober 1963

steckte sie mir hastig zusätzliche Lebensmittelmarken zu, die sie irgendwie erübrigen konnte.

Peikui war meine erste wirkliche Liebe. Im Sommer 1962 nahm ich sie sogar mit nach Dalian, um sie meinem Vater vorzustellen. Während unseres Aufenthaltes gingen wir einmal zum Strand, und ich entdeckte, dass sie nicht schwimmen konnte. Ich versuchte es ihr beizubringen, doch sie ließ nicht zu, dass ich sie berührte. Wir mussten ihr einen Reifenschlauch besorgen, um sie über Wasser zu halten.

Während des Großen Sprungs nach vorn war überall von Erweiterung die Rede gewesen. Jetzt, in der Zeit der Hungersnot, erkannte die Parteiführung, dass *Verkleinerung* das Gebot der Stunde war. Die neuen Filmstudios wurden aufgelassen. Meine Schule sollte im folgenden Jahr schließen. Der Kurs hätte drei Jahre dauern sollen, für das vierte wäre ein Filmprojekt vorgesehen gewesen. Stattdessen wurden nun alle Studenten der Kinematographie angewiesen, zum Fotojournalismus zu wechseln.

In meiner Funktion als Klassensprecher berief ich ein Treffen ein. Meine Kommilitonen und ich waren äußerst aufgebracht über diese Entscheidung. Hinten im Klassenzimmer hing ein Banner mit der Aufschrift: „Wir widmen unsere Jugend dem Film-Projekt der Partei“, und nun wurde uns mitgeteilt, dass wir nie Filme machen würden. Zu diesem Zeitpunkt wollte der Direktor des Staatlichen Filmamts das Changchun-Filmstudio besuchen. Wir beschlossen, dass drei von uns, darunter auch ich, bei ihm vorsprechen sollten. Als die Schulbehörde das herausfand, riet man uns davon ab. Meine beiden Mitschüler waren älter als ich. Der eine war Arzt, der andere Lehrer. Sie hatten die Kampagne gegen Rechtsabweichler im Jahre 1957 erlebt und wussten, dass wir nichts erreichen und nur Probleme bekommen würden. In letzter Sekunde sprangen sie ab. Der Lehrer hatte plötzlich eine Verabredung, der Arzt musste dringend nach Hause. Doch ich wusste von all dem nichts und machte mich auf den Weg.

Der Direktor war eigentlich sehr zugänglich. Zurück in Peking teilte er der Nachrichtenagentur Xinhua mit, dass wir alle eine solide Filmausbildung hätten und uns exzellent als Fotojournalisten eignen würden. Die Agentur wählte fünf von uns aus, unter anderem auch mich. Doch da ich nicht „auf die Partei gehört“ und mich über die Schulbehörde hinweggesetzt hatte, beschloss der Direktor meiner Schule, mich nicht gehen zu lassen.

Die Auserwählten studierten Englisch an einem Fremdspracheninstitut, und derjenige, der meine Stelle bekommen hatte, wurde in der Folge Korrespondent der Xinhua-Nachrichtenagentur in Washington – eine einmalige Chance war mir entgangen. Stattdessen wurde ich dem Informationsforschungsinstitut der Kommission für Wissenschaft und Technik in

Heilongjiang zugeteilt, um Mikroaufnahmen von wissenschaftlichen und technischen Dokumenten aus dem Ausland zu machen. Ich arbeitete in Harbin, der Hauptstadt der abgelegenen Provinz Heilongjiang an der Grenze zur Sowjetunion. Ich nahm den Zug dorthin. Der Leiter der Informationsabteilung klärte mich auf, dass die Arbeit viele Vorteile hätte. Man könne eine Fremdsprache lernen, reisen. Doch sagte er mir auch, dass man, wenn man einmal hier arbeitete, nicht mehr versetzt werden konnte, weil man bei der Arbeit mit Geheimmaterial zu tun hatte. Ich sah den Film meines Lebens vor mir ablaufen. Ich würde mich zu Tode langweilen, dachte ich, und ging sofort zur Personalabteilung, um sie wissen zu lassen, dass die Arbeit nicht den Grundprinzipien meiner Ausbildung entsprach. Hatte der Vizepremier und Außenminister Marschall Chen Yi nicht gesagt, dass Universitätsabsolventen die Gelegenheit haben müssten, alles, was sie auf der Universität gelernt hatten, anzuwenden? Tatsächlich stimmte mir der Personalleiter zu. Meine Akte wurde an das Bildungsamt zurückgeschickt, das mir mitteilte: „Wenn Sie wollen, dürfen Sie sich selbst Arbeit suchen."

Li, sein Vater, seine Stiefmutter und seine Schwester (von rechts nach links) nach Lis Rückkehr in seinen Heimatort anlässlich des Frühlingsfests, des Chinesischen Neujahrsfests (fotografiert mit Selbstauslöser). Kommune Lidao, 28. Januar 1965

So habe ich mich vor 40 Jahren selbst auf Arbeitssuche begeben, was in China höchst ungewöhnlich war. Zunächst bewarb ich mich um eine Stelle in der Ausstellungshalle für Landwirtschaft. Sie suchten jemanden, der Fotos für Ausstellungen zum Thema Landwirtschaft machte und boten mir eine Stelle an, die ich sofort antreten konnte. Mit diesem Angebot in der Tasche erkundigte ich mich beim Weggehen wie nebenbei nach dem Weg zur Stadtzeitung, dem *Harbin Tagblatt*. Ich nahm den Bus. Als man mich auch dort wollte, dachte ich, dass ich mir höhere Ziele setzen sollte.

Das *Heilongjiang Tagblatt* war mit einer Auflage von 270.000 Exemplaren die größte Zeitung der Provinz. Das Hauptbüro, ein Wahrzeichen der Stadt, befand sich auf dem höchsten Punkt des Hügels oberhalb der Stadtzeitung. Kaum hatte ich das Büro der Stadtzeitung verlassen, machte ich mich auch schon auf den Weg dorthin. Oben angekommen wurde ich von der Personalleiterin befragt. Meine Akte befand sich noch im Bildungsamt, und sie wollte wissen, ob etwas gegen mich vorlag. Ich erzählte ihr die Geschichte, wie ich auf der Filmschule die Behörde umgangen hatte, um mit dem Direktor des Staatlichen Filmamts sprechen zu können, was sie aber nicht weiter schlimm fand. Sie ging in den oberen Stock und kehrte mit einem älteren Herrn zurück. Er forderte mich auf, eine Weile vor ihm auf und abzugehen und mich dann umzudrehen, damit er mich gut in Augenschein nehmen könne. Dann verließ er den Raum.

Es stellte sich heraus, dass der Mann der Chefredakteur Zhao Yang war. Warum hatte er mich gebeten, im Zimmer herumzugehen? Der Grund war, wie ich nach meiner Anstellung herausfand, dass die Zeitung vier Fotografen hatte. Einer war so groß und dünn wie ein Laternenpfahl, einer prall und rund wie ein Ball, und die anderen beiden fast zwergenhaft klein. Dies störte Zhao, denn er war der Meinung, dass das *Heilongjiang Tagblatt* als eine Zeitung, die die Provinz repräsentierte und auch Gäste aus dem Ausland empfing, zumindest einen präsentablen Fotografen benötigte. Da ich seinen Kriterien augenscheinlich genügte, begann ich im August 1963 beim *Heilongjiang Tagblatt*. Noch am selben Abend schrieb ich in mein Tagebuch: „In der Provinz Heilongjiang werde ich nicht alt.“

In meinen ersten beiden Monaten bei der Zeitung erhielt ich den Auftrag, die Polizei von Harbin bei einer Personen- und Haushaltserhebung zu unterstützen – doch ich hatte kaum damit begonnen, als ich aufs Land geschickt wurde. Es war die Zeit der Sozialistischen Erziehungsbewegung, als Tausende junge Menschen in ländliche Gebiete geschickt wurden, um das harte Leben der Bauern zu teilen und die Menschen für die Revolution zu begeistern. Wer nicht Soldat, Arbeiter oder Bauer war, musste aufs Land. Ich war unter den ersten Teilnehmern. Im Oktober 1964 kam ich in einer Kommune im Bezirk Acheng, etwa fünfzig Kilometer südöstlich von Harbin, an. Der Bezirk war sehr unterentwickelt, und das Leben dort völlig anders. Die Bajonette in Händen, mussten wir am Morgen mit der Miliz exerzieren. Dann besuchten wir die verarmten Bauern und lauschten den Erinnerungen an ihr Leid im alten China. Die Bauern trauten uns nicht. Sie wussten, eines Tages würden wir weggehen und alles würde beim Alten bleiben.

Fotografie von Li (außen links) mit Mitgliedern seines Arbeitsteams beim Abendessen in einem kleinen Restaurant in Acheng, Provinz Heilongjiang, während der Sozialistischen Erziehungsbewegung – eine Extravaganz, für die sie in der Folge kritisiert wurden (fotografiert mit Selbstauslöser). 25. April 1965

Gemeinsam mit vier anderen jungen Männern aus der Stadt teilte man mich einem Bauern in der Produktionsbrigade Nummer vier von Donghuan zu. Wir schliefen auf einem *kang,* einem Ziegelbett, das von unten beheizt wurde. Es gab zwei davon im Zimmer, und das wärmere davon, das nach Süden ausgerichtete, war dem Besitzer des Hauses vorbehalten. Wir fünf jungen Männer aus der Stadt schliefen gemeinsam auf dem anderen *kang,* das kaum drei Meter breit war. Was das Essen anbelangte, so sollten wir monatelang kein Fleisch sehen; wenn beim Kochen ein oder zwei Tropfen Speiseöl verwendet worden waren, schmeckte es uns köstlich.

Manchmal, wenn die harten Bedingungen kaum noch zu ertragen waren, machten wir uns auf den Weg in die Stadt Acheng, das Bezirkszentrum, wo wir etwas zu essen kauften und mitunter sogar ein Restaurant besuchten. Wir achteten darauf, nichts allzu Teures zu bestellen, nur kleine Gerichte, einige Flaschen Bier vielleicht. Doch der Behörde blieb dies nicht verborgen, ebenso wenig wie mein Tagebuch und meine Liebesbriefe an Peikui, und am Ende wurden wir alle zur Selbstkritik verurteilt.

In Anwesenheit von allen 40 Mitgliedern der Brigade Vier bezichtigte ich mich, „bourgeoise Gedanken“ zu haben,

Li mit einer russischen 35 mm-Kamera der Marke Kiev und einer deutschen Rolleiflex 6 x 6 in der Kommune Ashihe, Bezirk Acheng (Foto: Liu Guoqi). 12. Mai 1965

um dann aufmerksam den Reden zu lauschen, in denen die anderen meine Fehler analysierten und aufbauschten. Um zu demonstrieren, dass ich die Kritik akzeptierte und mich bessern wollte, machte ich mir sogar Notizen. Am Ende der Versammlung versprach ich, die „Werke des Vorsitzenden Mao intensiver zu studieren" und „die Anweisungen der Partei in Zukunft immer zu befolgen". Meine Fehltritte waren keine schwerwiegenden „klassenfeindlichen Vergehen", es wurden also keine Parolen skandiert oder Fäuste geballt. Aber die Leiter der Arbeitsteams berichteten dem *Heilongjiang Tagblatt,* dass ich die Regel der „Drei Gleichen" – gleiche Kost, gleiche Unterkunft und gleiche Arbeit wie die Bauern – gebrochen hatte. Deshalb – und weil ich später mehrere Monate lang Fotos für eine Ausstellung über die Sozialistische Erziehungsbewegung gemacht habe – waren die Behörden nach Ablauf meines Jahres auf dem Lande der Meinung, dass ich eine weitere Chance auf Umerziehung verdiente. Deshalb wurde ich, als die meisten anderen bereits vom Land zurückkehrten, in eine andere Kommune im Bezirk Bayan, etwa 60 Kilometer nordöstlich von Harbin, geschickt.

Ich kam im März 1966 zurück. Die Kulturrevolution brach im Mai aus.

1964–1966

1964 begannen die ersten Vorbeben der verheerenden Katastrophe, die zehn Jahre dauerte und als Kulturrevolution bekannt ist, die ländlichen Regionen Chinas zu erschüttern. Die Sozialistische Erziehungsbewegung, die Mao Tse-tung ein Jahr zuvor ins Leben gerufen hatte, startete als eine Kampagne gegen Korruption und ideologische Abtrünnigkeit. Tatsächlich aber war es eine Kostümprobe für das große Chaos, das kommen sollte, ein Vorspiel für die Anarchie und den Klassenkampf, die der Parteivorsitzende initiierte, um die kommunistische Revolution zu festigen, alle Feinde zu eliminieren und sich ein für allemal als der einzige und unfehlbare Herrscher Chinas zu etablieren.

Fünf Jahre zuvor war Mao in die zweite Reihe zurückgetreten. Sein Großer Sprung nach vorn, der die Getreide- und Stahlproduktion ankurbeln und die gesamte Nation in ein riesiges Netz aus „Volkskommunen" integrieren sollte, hatte eine der größten Tragödien in der Geschichte der Neuzeit ausgelöst: eine Hungersnot, die mehr als zwanzig Millionen Menschen töten sollte. Tief gekränkt durch das Scheitern der Bewegung und die nachfolgende Kritik an seiner Politik überließ Mao die Umstrukturierung des Landes größtenteils dem neuen Staatsoberhaupt, Präsident Liu Shaoqi. 1965, nach einer Reihe liberalisierender Reformen, in denen das Prestige des Parteivorsitzenden sank und die Macht in den Kommunen dezentralisiert wurde, hatte sich China erholt – aber um einen Preis, den Mao aus persönlichen und ideologischen Gründen für zu hoch hielt.

Nun versuchte der 70-jährige einstige Held der Guerilla, dessen Bauernrevolution die Volksrepublik China ins Leben gerufen hatte, ein letztes Mal, die Massen zu mobilisieren. Aufgestachelt durch Maos Parole „die Gegenrevolution im Keime ersticken" kamen Millionen „gebildeter Jugendlicher" – vor allem Hochschulabsolventen aus den Städten – in die ländlichen Gebiete, „um von den Bauern zu lernen". Gleichzeitig trafen scharenweise Mitglieder der Regierung und Parteikader – Arbeitsteams – in den Landkommunen ein, in denen sie Jahre lang bleiben sollten, um die sozialistischen Werte zu propagieren. Beginnend mit den „Vier Säuberungen" in den Bereichen Buchführung, Getreideversorgung, Eigentumsakkumulation und Entlohnung nach dem System der Arbeitspunkte organisierten diese Teams gemeinsam mit den lokalen Kommunenführern Massenkundgebungen und Volkstribunale gegen Grundbesitzer, reiche Bauern, Konterrevolutionäre und sonstige vermeintliche Übeltäter – die „Vier schlechten Elemente". In den Jahren vor dem offiziellen Ausbruch der Großen Proletarischen Kulturrevolution im Jahre 1966 häuften sich diese Vorkommnisse und arteten allmählich aus zu einer endlosen Hexenjagd auf alle Klassenfeinde.

Kommune Ashihe, Bezirk Acheng, Provinz Heilongjiang, 20. November 1964

中共中央文件
“双十条”宣讲大会

Ein Arbeitsgruppenleiter erklärt während der Sozialistischen Erziehungsbewegung den Bauern die „Vier Säuberungen“ und wie das Land von parteifeindlichen Elementen zu befreien sei.

Ein als Klassenfeind kritisierter Bauer wird gezwungen, in der traditionellen Pose des Schuldbewusstseins den Kopf zu senken (unten). Ermutigt, persönliche Anschuldigungen gegen den Denunzierten vorzubringen, wirft eine junge Frau dem Bauern Zhang Diange vor, er hätte ihren Vater „in unangemessener Weise" gedrängt, eine Schuld fristgerecht zu bezahlen (rechte Seite).

Kommunen Liaodian und Ashihe, Bezirk Acheng, 27. Februar–25. März 1965

Unter einem Banner mit der Aufschrift „Kampfsitzung gegen die Feinde“ wird Zhang Diange von Mitgliedern der Produktionsbrigade Nansheng als reicher Bauer denunziert und gezwungen, stundenlang mit gesenktem Kopf zu verharren.

Kommune Ashihe, Bezirk Acheng, 25. März 1965

斗争大会

光荣榜
监督和协助农
公社的各级组织和干
办好集体经济。

Kommune Ashihe, Bezirk Acheng, 27.–28. März 1965

Die Produktionsbrigade Donghuan hält eine Versammlung ab, um die sozialistischen Werte sowie politische und ideologische Richtlinien zu propagieren (linke Seite). Am folgenden Tag werden die Bauern aufgefordert, aus neun handverlesenen Parteifunktionären sieben neue Brigademitglieder zu wählen (rechts).

Die Einrichtung der Volkskommunen stellt eines der radikalsten sozialen Experimente der jüngeren Geschichte dar. Mit dem gigantischen Programm, 600 Millionen Einwohner des Landes in mehr als 20 000 autonomen Arbeitslagern zu organisieren, versuchte man Chinas traditionelle hierarchische Familienstruktur durch eine militaristische Organisation zu ersetzen, in der die Mitglieder gemeinsam arbeiteten und in den Kantinen der Kommunen die Mahlzeiten einnahmen, der Einzelne seinen Egoismus dem Wohl des Kollektivs unterordnete.

Mit der Zeit wurde die Macht in den Kommunen auf kleine, mehrere Dörfer umfassende Einheiten, die so genannten Produktionsbrigaden, verteilt. Diese Brigaden, deren Führung aus einer Auswahl handverlesener Parteimitglieder bestand, wurden die bestimmende Kraft im Leben der Menschen, da sie die Arbeitszuteilung und Pflichten in der Miliz kontrollierten. Die vorwiegend in der Landwirtschaft beschäftigten Brigadenmitglieder verbrachten ihre Tage im Allgemeinen damit, dass sie den Boden mit bloßen Händen oder mit Hilfe von Zugtieren bearbeiteten, ihre Abende waren ausgefüllt mit dem Studium von Maos Schriften.

Kommune Ashihe, Bezirk Acheng, 16.–18. April 1965

Zwischen der Arbeit auf den Feldern wurden militärische Übungen abgehalten, damit die Mitglieder der Produktionsbrigaden auch in militärischen Techniken ausgebildet wurdcn (linkc Seite). Nach der Arbeit verbrachten sie Stunden mit dem Studium von Maos Werken und der Lektüre von Parteizeitungen wie etwa der *Jugendzeitung Chinas*. Diese Ausgabe hatte die Schlagzeile: „Vietnamesische Truppen schossen zwölf von insgesamt einhundert amerikanischen Flugzeugen in sieben Monaten ab“ (oben).

Kommune Ashihe, Bezirk Acheng, 20. April 1965

Die Arbeitsbedingungen im Trockengebiet der Provinz Heilongjiang waren hart, da die Bauern größtenteils nur mit Zugtieren und körperlichem Einsatz Hirse, eine der Hauptgetreidearten der Region, anbauten.

Eine Gruppe „gebildeter Jugendlicher“ wird während der Sozialistischen Erziehungsbewegung mit einem Banner mit der Aufschrift „Der Weg aufs Land ist glorreich“ von der Führungsspitze und von Einwohnern der Stadt Acheng verabschiedet (unten). Mitglieder der Produktionsbrigade Donghuan der Kommune Ashihe kündigen die Gründung der „Vereinigung der armen Bauern und unteren Mittelbauern“ an, um ihre Interessen bezirksweit zu vertreten (rechte Seite).

Bezirk Acheng, 28.–29. April 1965

东环大队
貧、下中农协会成立大会
四个一样
1 老师不在和老师在

Ein zentraler Bestandteil der Sozialistischen Erziehungsbewegung, Vorläuferin der Kulturrevolution, die in den kommenden Jahren enormen Einfluss bekommen sollte, waren die „Kampfkundgebungen“. Während dieser Veranstaltungen wurden Männer und Frauen, die als eines der „Vier Elemente“ verurteilt wurden, in aller Öffentlichkeit von Freunden und Nachbarn, ja, sogar von Familienmitgliedern kritisiert, während sie mit gesenktem Kopf ihre Schuld zur Schau stellen mussten. Diese öffentlichen Tribunale und ihre wesentliche Waffe – die Demütigung – sollten für die Aktivitäten während der kommenden Revolution prototypisch werden.

Die Kampfkundgebungen, die von den Arbeitsgruppen und den Führungspersonen der Kommune organisiert wurden und Stunden dauerten, fanden während der Arbeit statt, wobei die Anwesenheit sämtlicher Kommunenmitglieder obligatorisch war. Häufig kam es dabei zu willkürlichen Vergeltungsaktionen, da die Bauern, ermutigt, einander zu bespitzeln, unter dem Deckmantel ihrer eigenen ideologischen Makellosigkeit oft Scheinbeschuldigungen konstruierten. Für die Verurteilten, etwa jene in Chinas nordöstlicher Provinz Heilongjiang, zog die öffentliche Kritik im Allgemeinen eine harte Strafe nach sich, wie etwa den Auftrag, gefrorenen Boden aufzubrechen oder Eimer mit menschlichen Fäkalien zu schleppen. Jene, die beschuldigt wurden, Grundbesitzer oder reiche Bauern zu sein, mussten darüber hinaus die Konfiszierung ihres Besitzes in Kauf nehmen. In den Jahren vor dem Beginn der Kulturrevolution wurden diese beschlagnahmten „Herrenhäuser“ – oft nur einfache Behausungen – in ganz China in Museen bourgeoiser Dekadenz verwandelt und von Millionen von Menschen besucht.

Kommune Ashihe, Bezirk Acheng, 12. Mai 1965

ährend einer „Kampfkundgebung
egen die Feinde", reiche Bauern
nd andere parteifeindliche
lemente, leitet ein lokaler Bauer
nd Aktivist die Menge an, Parolen
u skandieren.

Kommune Ashihe, Bezirk Acheng, 12. Mai 1965

Der als reicher Bauer denunzierte
Deng Guoxing in Schuldpose
vor einer Masse von Anklägern
während einer dreistündigen
„Kampfkundgebung".

Yuan Fengxiang (unten) wird von Chen Xiuhua, einer Einheimischen, als reicher Bauer angeprangert (rechte Seite).

Kommune Ashihe, Bezirk Acheng, 12. Mai 1965

抗

Kommune Ashihe, Bezirk Acheng, 12. Mai 1965

Yuan Fengxiang und Deng Guoxing (linke Seite, von links nach rechts) stehen in der erzwungenen Pose der Scham, während sie zu zwei Jahren harter Arbeit verurteilt werden. Die Führungspersonen der Kommune und der Provinz, die die Strafe festsetzten, scherzen zwanglos, als die Angeklagten abgeführt werden (oben).

Kommune Ashihe, Bezirk Acheng, 13. Mai 1965

賍 物
五百元的瑞士錶
鹿皮夹克八十二

Nach seiner Denunzierung wird Yuan Fengxiangs Haus in ein Ausstellungszentrum zur Bildung von Klassenbewusstsein umgewandelt. Bauern aus dem ganzen Bezirk kommen, um das „Herrenhaus des Grundbesitzers“ zu besichtigen (linke Seite), in dem der persönliche Besitz der Familie – rote und grüne Lampen, eine Schweizer Uhr, eine Jacke aus Hirschleder, ein Seidenkleid und Strümpfe, eine mit Lammwolle gefütterte Lederjacke und Sparbüchsen – als Beweis ihres bourgeoisen Lebensstils ausgestellt ist (oben).

Angeklagte Bauern, die von der lokalen Miliz bewacht werden, während sie darauf warten, bei einer Massenversammlung als eine der „Vier Kategorien" – Grundbesitzer, reiche Bauern, Konterrevolutionäre oder „schlechte Elemente" (so die Plakataufschrift) verurteilt zu werden.

四类分子

Kommune Liaodian, Bezirk Acheng, 13. Mai 1965

Den in Produktionsbrigaden organisierten Bauern wird anstrengende landwirtschaftliche Arbeit wie der Bau von Schweineställen (unten) und die Bestellung des Landes zugewiesen.

Gemeinde Liaodian, Bezirk, Acheng, 14.–16. Mai 1965

Die Bewohner der Stadt Acheng versammeln sich zu einem öffentlichen Tribunal, bei dem Hang Jingshan, der beschuldigt wird, ein „schlechtes Element“ zu sein, und ein Spekulant, dem unlautere Geschäfte vorgeworfen werden, verurteilt werden sollen. Letzterer wird von der örtlichen Polizei festgenommen, nachdem er sein „Verbrechen“ öffentlich gestanden hat (außen rechts).

Acheng, Bezirk Acheng, 21. Mai 1965

Die Volksrepublik China war 1964 nicht nur eine bedeutende internationale Macht, sondern auch eines der isoliertesten Länder der Welt. Sie wurde von den Vereinten Nationen, wo das Taiwan Chiang Kai-sheks ihren Sitz einnahm, nicht anerkannt und hatte Probleme mit den Supermächten: den Vereinigten Staaten, dem ideologischen Feind und Unterstützer von Chiang Kai-shek, sowie der Sowjetunion, die einst der wichtigste Verbündete war, doch seit Nikita Chruschtschows vernichtender Kritik an Maos ehemaligem Verbündeten Josef Stalin die größte Bedrohung darstellte. Angesichts der erhöhten sowjetischen Militäraktivitäten an der nördlichen Grenze und beunruhigt über die Präsenz der USA in Vietnam im Süden, baute Mao eine riesige Volksmiliz auf, die alsbald zehn Millionen Mitglieder umfasste.

Die Provinz Heilongjiang in dem bitterkalten Gebiet am Rande der russischen Steppen an Chinas Nordgrenze wurde lange durch ihre Nähe zur UdSSR definiert. Ihre wichtigsten Städte lagen an russischen Eisenbahnlinien, und während der 1950er Jahre, als die chinesisch-sowjetischen Beziehungen auf ihrem Höhepunkt waren und „von der Sowjetunion zu lernen" als nationales Motto ausgegeben wurde, war die Provinz das Flaggschiff der chinesisch-sowjetischen Freundschaft. Als sich die Kluft zwischen den beiden Staaten im folgenden Jahrzehnt vertiefte, wurde der Fluss Wusuli in Heilongjiang Schauplatz sporadischer Grenzscharmützel, und die Kommunenmiliz exerzierte in den Wäldern und Feldern der Provinz, der vordersten Verteidigungslinie der Nation gegen den „revisionistischen" Feind.

Bezirk Acheng, 30. Mai–27. Juni 1965

n Rahmen der nationalen Verteiigung gegen „den Imperialismus n Ausland und die Revisionisten der Heimat" nehmen Schulkinder er „Kleinen Roten Miliz" (links ben) und Arbeiter einer Fabrik ür elektrische Bauteile an Militärbungen teil (linke Seite unten nd rechte Seite).

Acheng, Bezirk Acheng, 1. Juli 1965

Im Konferenzsaal einer Mittelschule legen neue Mitglieder der Kommunistischen Partei vor einer Mao-Büste und der kommunistischen Fahne mit Hammer und Sichel den Eid ab.

Bezirk Acheng, 30. Juni–2. Juli 1965

Anfang der 1960er Jahre nahm Chinas Propagandamaschinerie, die die Kulturrevolution zutiefst prägen sollte, gigantische Ausmaße an. Ein Großteil der neuen Kulturproduktion hatte nur einen Zweck: Mao zu verherrlichen. 1963 wurde Lei Feng, ein Fußsoldat mit untadeligem Lebenslauf, zum Vorbild moralischer Integrität, als sein von blinder Hingabe an Mao zeugendes Tagebuch „entdeckt“ wurde, in dem zu lesen war: „Es ist eine Ehre, ein namenloser Held zu sein.“ Um 1965 hatte sich die Idee von Modellbürgern auf alle Bereiche ausgedehnt: Es gab Modellsoldaten, Modellbauern und Modellarbeiter jeder Profession.

Für die Erhebung der Propaganda zum wichtigsten Instrument der Revolution waren vor allem zwei Akteure verantwortlich: Verteidigungsminister Lin Biao, der Lei Fengs Tagebuch als Pflichtlektüre für alle Armeeangehörigen vorschrieb und die Bibel der kommenden Revolution *Worte des Vorsitzenden Mao Tse-tung* – Das Rote Buch, produzierte sowie Maos dritte Frau Jiang Qing, eine ehemalige zweitklassige Schauspielerin aus Schanghai, die 1965 mit ihren Attacken gegen das historische Drama *Hai Ruis Entlassung* die Bewegung ausgelöst hatte. Zeitungen, Film, Musik, Tanz, Dichtung, Oper, alle Formen der Kultur wurden einerseits zu verdächtigen Bereichen und andererseits zu ein wichtigen Instrumenten, um die Revolution zu steuern.

Zu den „Modellbürgern“, die als leuchtende Beispiele für andere ausgewählt wurden, zählten auch Wang Shuangyin, der Komponist der Hymne auf den großen Steuermann Mao, eines berühmten Revolutionsliedes (linke Seite), und der Revolutionsheld Song Ranhao, der einen Arm im Koreakrieg verloren hatte und hier seine Leistungen demonstriert, u. a. dass er sich ungeachtet seiner Verletzung hingebungsvoll dem Studium von Maos Schriften widmet (rechts).

阿城县首届一次貧下中农代
高举总路线、大跃进、人民公社
旗・掀起农业生产新高潮・夺

Acheng, Bezirk Acheng, 12. Juli 1965

次貧下中农代表大会
高举毛泽东思想红旗，巩固社
伟大成果，把社会主义革命进行到底

Gegen Ende einer eintägigen Konferenz versammelt sich die neu gewählte Führung der Bewegung der armen Bauern und unteren Mittelbauern auf der Bühne des örtlichen Theaters. Banner ermutigen die Anwesenden „von Da Zhai zu lernen [einer modellhaften Produktionsbrigade], der vorbildlichen Kommune von Heilongjiang Tai Ping nachzueifern und hart zu arbeiten“.

Im Saal des Nord-Plaza-Hotels der Provinzhauptstadt führen Tänzer der Gesangs- und Tanzkompanie Heilongjiang das Stück *Miliz-Frauen* auf, das von Frauen handelt, die eine militärische Ausbildung absolvieren, um sich dem Kampf gegen Reaktionäre und Imperialisten anzuschließen.

Harbin, Provinz Heilongjiang, 25. April 1966

II.. „BOMBARDIERT DAS HAUPTQUARTIER“

黑龍江日報

第4365期　1966年8月29日　星期一　夏历丙午年七月十四

这次无产阶级文化大革命，最高司令是我们毛主席。毛主席是统帅。我们在伟大统帅的指挥下，好好地听我们统帅——毛主席的话，文化大革命一定能顺利发展，一定能取得伟大胜利！

林　彪

伟大的领袖伟大的统帅伟大的舵手毛主席万岁！

我们伟大的革命导师毛主席，日日夜夜为国际国内的大事操心。毛主席呀毛主席，我们一定听您的话，关心国家的大事，关心世界革命的大事，敢想、敢干、敢革命，用我们的双手，创造一个崭新的新世界！　新华社记者摄

毛主席的伟大号召越来越广泛地成为全国紅卫兵的实际行动

学习解放軍用毛泽东思想指导一切行动 把横扫“四旧”的斗争风暴推向新的高峰

据新华社北京二十八日电　我们的伟大领袖毛主席关于全国人民都要学习解放军的伟大号召，正在越来越广泛地成为全国各地红卫兵和革命青少年的实际行动。各地红卫兵们纷纷表示，他们一定要象解放军那样，努力学习毛泽东思想，坚决贯彻毛泽东思想，积极宣传毛泽东思想，勇敢捍卫毛泽东思想，用毛泽东思想指导自己的一切行动，敢于革命，善于革命，把横扫“四旧”的斗争风暴推向新的高峰，把无产阶级文化大革命进行到底。

广大红卫兵和革命的青少年，不愧为最坚决地响应毛主席的号召、最认真地向解放军学习的好榜样。他们不仅从小立志要当一名光荣的解放军战士，而且在无产阶级文化大革命中冲锋陷阵，表现了象解放军那样的敢于斗争、敢于革命的战斗精神。今天，《人民日报》的社论“革命青少年要向解放军学习”发表以后，首都和全国各地红卫兵和革命青少年更是闻风而动，说干就干。他们有的一面认真学习《人民日报》社论，一面认真总结前一段开展无产阶级文化大革命的经验，制定新的行动计划，有的学习了解放军的三大纪律八项注意，学习了党和国家的有关政策，决心要象解放军那样成为执行群众纪律、执行党和国家政策的模范，把红卫兵建设成为具有高度组织性纪律性的革命青少年队伍；有的再一次学习了毛主席有关阶级、阶级斗争理论的语录和十六条，并且涌上街头大张旗鼓地宣传十六条，决心要让十六条家喻户晓，深入人心。经过对《人民日报》社论的学习，各地红卫兵们的革命精神更加振奋，充满了在革命中学会革命的决心，一定要在大风大浪中把自己锻炼成为坚强的无产阶级战士。

首都广大革命青少年怀着极大的革命热情，纷纷学习和宣传《人民日报》社论。革命青少年说，党号召革命青少年向解放军学习，这是对革命青少年成长的最大关怀，是对革命青少年的最大信任，是对革命青少年的革命行动的最强有力的支持。北京大学的红卫兵们说：解放军同阶级敌人斗争最勇敢，对群众最热爱，学习解放军，就敢于造一切资产阶级、修正主义、封建主义的反，同时又善于革命，热爱人民群众，把斗争提到十六条的纲上来。北京二中的红卫兵不久前发出了充满革命豪情的向旧世界的宣战书，他们在斗争中经常对照解放军总结工作，提高自己。他们认为，只有象解放军那样，坚决按照毛主席的指示和党的政策办事，才能攻无不克，战无不胜。东方红四中的许多红卫兵说：学习解放军，最重要的是要象解放军那样，读毛主席的书，听毛主席的话，照毛主席的指示办事，做毛主席的好战士。北京市东方红中学（原第二十八中）的部分红卫兵学习了这篇社论后，以解放军为榜样，重新修改、补充了原订的红卫兵九条纪律。他们特别强调要象解放军那样，全心全意为人民服务，永远做人民的勤务员，坚决执行三大纪律八项注意。

上海许多大中学校的革命学生今天都认真讨论了《人民日报》的社论，他们决心最坚决最热烈地响应毛主席的伟大号召，向解放军学习，做毛主席的好战士。上海戏剧学院的藏族学生，在文化大革命中怀着对党、对毛主席最深厚的阶级感情，在斗争中坚持活学活用毛主席著作，执行十六条，今天他们在座谈《人民日报》社论时说，在文化大革命中，我们红卫兵就要象解放军那样，坚决地执行三大纪律八项注意，遵守群众纪律，保卫人民利益，保卫国家财产。交通大学一名红卫兵说，毛主席亲自制定的十六条是我们行动的指南。我们一定要象解放军那样最坚决地执行毛主席的指示，在文化大革命中坚决按十六条办事。我们要坚持文斗，不用武斗。

开封市许多红卫兵随身带着十六条和《毛主席语录》，走到哪里宣传到哪里，看到反映“四旧”的名称就积极建议改革，同时认真保护文物、古迹。红卫兵们来到“禹王台公园”，向职工提出四项建议：把园名改为开封人民公园；在门口树立毛主席巨幅画像；园内墙上写上毛主席语录；在文物、古碑旁加上批判说明。公园职工立即响应。红卫兵们这样做的结果，十六条更加深入人心，受到了人民群众的热烈拥护。沈阳市今天有数以千计的红卫兵宣传员在街头连续不断地宣传十六条。南京医学院的红卫兵们说：我们红卫兵最听毛主席的话，毛主席怎么说，我们就怎么做。凡是符合毛泽东思想、符合十六条精神的，就是上刀山下火海，我们坚决照办；凡是违反毛泽东思想、违反十六条的，我们就坚决反对。贵阳市女子中学的革命学生表示，学习解放军，最重要的是学习他们活学活用毛主席著作，要象王杰、刘英俊那样，毛主席怎样说就怎样做。她们还表示，要把宣传毛泽东思想当成终身的战斗任务，永远做一个忠于毛泽东思想的红色宣传员。

II.

Am 16. Mai 1966 gab das Zentralkomitee der Kommunistischen Partei Chinas ein Dokument heraus – das Rundschreiben vom 16. Mai –, in dem der Beginn der Großen Proletarischen Kulturrevolution verkündet wurde.

Anfangs waren die Menschen im ganzen Land begeistert. Ihre Begeisterung war echt. Sie glaubten an Mao. Sie dachten, er würde verhindern, dass China „seine Farbe wechselt", und dafür sorgen, dass alle Anteil hätten am Wohlstand und einem mächtigen Staat. Als Mao die Parole ausgab: „Reißt das Alte nieder und baut das Neue auf", waren sich alle einig, dass diese Bewegung berechtigt war.

Auch ich war zu Beginn der Kulturrevolution von dieser Begeisterung erfasst. Wie Millionen anderer Chinesen glaubte ich an Mao. Er war der Führer mit der „großen Strategie gegen Imperialismus und Revisionismus". Er sagte, dass wir alle sieben oder acht Jahre Revolutionen wie diese haben würden, weshalb junge Männer wie ich sich glücklich schätzten – wir waren erst in unseren Zwanzigern und würden somit die Gelegenheit haben, mehrere Revolutionen zu erleben. Mao schrieb einmal, dass es zwar tausend Prinzipien des Marxismus geben möge, diese sich aber letzten Endes in einem einzigen Satz zusammenfassen lassen: „Rebellion ist berechtigt". In jenem Sommer nahmen ihn die Menschen beim Wort. Viele Studenten kehrten in den Ferien nicht nach Hause zurück und blieben stattdessen auf dem Campus, um an der Revolution teilzunehmen. Es war der Sommer der Roten Garden.

Die Roten Garden waren Teil einer Basisbewegung, die im Prinzip nur darauf aus war, jegliche Autorität zu stürzen. Ursprünglich ging sie von einer Mittelschule in Peking aus, griff dann über auf die Hochschulen und Universitäten, wobei sich alsbald Tausende anderer Gruppen, so genannte „Rebellen", anschlossen. Im Unterschied zu den Jungpionieren oder der Kommunistischen Jugendliga unterstand keine von ihnen der Provinzkontrolle, und nur dank ihrer Hilfe konnte die Revolution erfolgreich verlaufen.

Mao erlebte den Beginn der Kulturrevolution in Hangzhou in der Nähe von Schanghai. Doch nachdem Präsident Liu Shaoqi, Maos Herausforderer und möglicher Nachfolger, Arbeitsteams an die Universitäten entsandt hatte, um die Bewegung unter Kontrolle zu bringen, kehrte der Parteivorsitzende nach Peking zurück und stellte sich entschieden hinter die Roten Garden – und gegen Liu. Am 5. August 1966 veröffentlichte Mao „seine eigene Wandzeitung der großen Schriftzeichen", wie er es nannte. Sie gab die Parole aus: „Bombardiert das Hauptquartier!" Das Plakat, eine indirekte Anklage gegen Liu Shaoqi, verwies auf ein „bourgeoises Hauptquartier" im Zentralkomitee der Partei. 13 Tage später trat Mao vor einer Million Vertreter der Roten Garden auf einem Podium beim Tiananmen-Tor auf und legte die rote Armbinde der Roten Garden an, wodurch er der Bewegung symbolisch seinen Segen gab.

Es war, als hätte eine kleine Flamme ein riesiges Feuer entfacht. In Harbin und zahlreichen anderen Städten Chinas kam es zu Massenkundgebungen und Demonstrationen.

Titelseite des *Heilongjiang Tagblatts* vom 29. August 1966. Die vertikale Schlagzeile listet die „Vier Großen" auf: „Lang lebe unser Vorsitzender Mao, unser Großer Führer, Großer Oberbefehlshaber, Großer Steuermann". Die Bildlegende der Nachrichtenagentur Xinhua lautet: „Unser großer revolutionärer Lehrer, Vorsitzender Mao, beschäftigt sich Tag und Nacht mit nationalen und internationalen Fragen."

Sportplätze und Stadien waren überfüllt mit gigantischen Menschenmassen, die so lärmten, dass ich sie während meines ganzes Wegs zur Zeitung hören konnte.

Innerhalb einer Woche gerieten die Rebellengruppen der Stadt in Raserei. Erst attackierten sie die Kirche des Heiligen Nikolaus, eine altehrwürdige, russisch-orthodoxe Kathedrale aus Holz, die sie mit bloßen Händen niederrissen. Am folgenden Tag plünderten sie den buddhistischen Jile-Tempel. Heute, 37 Jahre später, kann ich noch immer nicht verstehen, warum sie das getan haben – warum sie alle Statuen zertrümmert und die heiligen Bücher verbrannt haben. Sie ließen die Mönche sogar ein Banner hochhalten, auf dem stand: „Zur Hölle mit den buddhistischen Schriften. Sie sind voller Hundefurze."

Diese Aufnahme der russisch-orthodoxen Kirche des Heiligen Nikolaus stammt vom Sommer 1966, als sie von den Roten Garden in Harbin gestürmt wurde. Um das ganze Gebäude zeigen zu können, wurden zwei Aufnahmen montiert (Originalfotos Seite 94).

Dies war eines der denkwürdigsten Ereignisse des Sommers, und natürlich waren auch Fotografen anwesend, darunter einer des *Nordöstlichen Journals für Forstwirtschaft.* Da er eine Aufnahme von den Mönchen wollte, auf der sie die Köpfe gesenkt hielten, forderte er sie auf, das Banner niederzulegen. Er versuchte sogar, es ihnen aus der Hand zu reißen. Ich hingegen bat die Mönche, es festzuhalten, und da ich als Filmstudent wusste, dass nichts ausdrucksstärker ist als das Gesicht, bat ich sie, ihre Köpfe zu heben und in die Kamera zu blicken. Danach legten sie das Banner nieder und nahmen die gewünschte Haltung mit gesenktem Kopf ein, womit auch der Fotograf des *Journals für Forstwirtschaft* zu seinem Foto kam.

Zwei Tage später versammelten sich zehntausende Menschen im Volksstadion von Harbin, das gerade in „Rote-Garden-Platz" umgetauft worden war. Die Veranstaltung war sehr gut organisiert. Überall waren Banner mit Parolen zu sehen, Fahnen wurden gehisst, und als alle ihren Platz eingenommen hatten, begannen sie die „Vier Großen" – „Lang lebe unser Großer Lehrer, unser Großer Führer, unser Großer Oberbefehlshaber, unser Großer Steuermann" – sowie revolutionäre Lieder zu singen. Die angeklagten „kapitalistischen Abweichler" – Parteibeamte hohen Ranges, denen man vorwarf, China in eine kapitalistische Richtung zu führen – wurden auf die Bühne gebracht, wo sie sich mit gesenktem Kopf in Reih und Glied aufstellen mussten. Dann traten nacheinander Sprecher auf und Lautsprecher übertrugen ihr Geplärr in die Menge, als sie die Verbrechen der Beschuldigten detailliert schilderten.

Während der Ansprachen vertraute mir ein Rotgardist an, dass seine Organisation eine Überraschung plane. Sie würden jemanden kritisieren, der nicht auf der Bühne war – Ren Zhongyi, Parteisekretär der Provinz und erster Parteisekretär von Harbin –, einen der höchsten Beamten der Provinz. Es sollte wie eine spontane Aktion wirken. Einer der Sprecher auf der Bühne attackierte nun das „schwarze Provinz-Parteikomitee, das die revisionistische Linie vertritt" und erwähnte dabei Ren namentlich. Darauf begann eine Gruppe wie auf Geheiß zu singen: „Führt das Schwarze Element Ren Zhongyi vor!" Mit vorgetäuschter Ungeduld griff der Leiter der Rebellengruppe zum Mikrofon: „Auf dringliche Bitte der revolutionären Massen hat der Vorsitzende der Versammlung beschlossen, Ren Zhongyi, das Schwarze Element, vorzuführen."

Das Publikum begann zu skandieren: „Nieder mit dem Schwarzen Element! Nieder mit Ren Zhongyi!", während zwei kräftige Genossen den ersten Sekretär auf die Bühne schleppten. Dort standen ein Tintenfass, ein Klappstuhl, ein Schild und ein hoher Papierhut mit der Aufschrift „Ren Zhongyi, Schwarzes Element" bereit. Die übliche Vorgehensweise in einer Kritikversammlung sah so aus: Der Angeklagte musste sich das Schild umhängen und den Papierhut aufsetzen, sein Gesicht mit Tinte beschmieren und auf einen Stuhl steigen, damit ihn das Publikum gut sehen konnte.

Man brachte einen Klappstuhl aus Holz, auf dem es äußerst schwierig war, das Gleichgewicht zu halten. Wenn man nicht genau in der Mitte stand, kippte er um. Stellte man sich zu weit nach hinten, klappte er zusammen. Ren musste also sehr vorsichtig sein. Die Roten Garden hängten ihm das Schild um den Hals. Dann versuchten sie, ihm den einen Meter hohen Papierhut aufzusetzen, aber er war ihm zu eng. Einer der Rotgardisten versuchte es mit Gewalt, wobei er den Hut zerriss. Da hatte ein anderer die Idee, am unteren Ende des Hutes eine Schnur anzubringen, die Ren hinter seinem Rücken festhalten musste.

Der erste Rotgardist trat mit dem Tintenfass vor ihn hin. Er forderte Ren auf, seine Hände in das Fass zu tauchen und sich die übel riechende Tinte ins Gesicht zu schmieren. Schließlich befand der Gardist, dass das noch zu wenig sei, dass er nicht monströs genug aussähe, hielt das Fass hoch und schüttete die Tinte über Rens Gesicht. Die Tinte tropfte von seinen Augen, seinen Nasenlöchern, vom Mund und von der Nase zum Zementboden. Ein wei-

Dieses Panoramabild vom Angriff der Roten Garden auf den Jile-Tempel von Harbin am 24. August 1966 entstand durch Montage und Beschnitt von drei Fotografien (Originalfotos Seite 96 f).

terer Rotgardist begann mit einem Pinsel auf sein weißes Hemd zu schreiben: „Nieder mit Ren Zhongyi, dem Schwarzen Element." Und als ob das immer noch nicht genug wäre, schüttete der erste Gardist weitere Tinte über seinen Hals, sie tropfte ihm vom Oberkörper über die Beine bis auf die Füße und floss aus seinen blauen Hosen. Ich verwendete einen Schwarzweißfilm, weshalb ich im Nachhinein nicht mehr zwischen Blut, Tränen und Tinte unterscheiden konnte.

要关心国家大事要
把无产阶级文化大革
命进行到底！

Dieses Foto einer Massenkundgebung in Harbin hat Li auf Wunsch der Herausgeber des *Heilonjiang Tagblatts* beschnitten und retuschiert. Auf dem Original (Seite 84f) scheinen die Fäuste der Marschierenden das Porträt Maos zu treffen. Maos Bild ist schwarz gerahmt, als ob er tot wäre, das Plakat mit Maos Zitat wird teilweise von einer wehenden Fahne verdeckt. Li entfernte die Fäuste und den schwarzen Rahmen und zeichnete die verdeckten Schriftzeichen des Zitats nach.

Alle Versammlungen liefen in ähnlicher Weise ab. Im Allgemeinen wurden die Angeklagten als „Kapitalisten", „kapitalistische Abweichler", „konterrevolutionäre Revisionisten", „Schwarze Elemente" oder „reaktionäre akademische Behörden" denunziert – aber ihr Hauptverbrechen bestand darin, dass sie über Macht, Wissen oder Reichtum verfügten. Oft wurden sie an einem einzigen Tag mehrmals von verschiedenen Gruppen verurteilt, wobei jede versuchte, sich revolutionärer zu geben als die vorhergehende. Erschöpft von dieser Qual und der Haft in den provisorischen Gefängnissen – den so genannten *nü pen* oder Kuhställen, wo man sie zwang, nachts wach zu bleiben und Geständnisse zu schreiben – schliefen sie manchmal sogar während der Kritikversammlungen ein.

Außer jenen, die nahe an der Bühne waren, konnten die meisten eigentlich nicht sehen, was geschah. Nach den Ansprachen wurden sie dazu angehalten, Parolen zu schreien. Dann wurden die „Schuldigen" auf Lastwagen verladen und durch die Hauptbezirke der Stadt gefahren, deren Straßen von Menschenmengen gesäumt waren. Manchmal wies man die Angeklagten auch an, eine vorgeschriebene Route entlangzugehen, wobei sie ein Schild um den Hals tragen und einen Gong schlagen mussten. Einige mussten den ganzen Tag lang marschieren und sogar ihr Lunch-Paket mitbringen. An bestimmten Stellen mussten sie einen Verkehrspolizisten bitten, ein Formular zu unterzeichnen, um zu zeigen, dass sie sich von nun an der Ordnung fügten.

Der maliziöse Erfindungsreichtum der Roten Garden kannte keine Grenzen. Als ich zur Zeit der Sozialistischen Erziehungsbewegung auf dem Land lebte, fotografierte ich einmal Yun Yanming, eine sehr berühmte Opernsängerin, bei körperlicher Arbeit. Während der Kulturrevolution hatte man sie bezichtigt, eine Affäre zu haben. In China nennt man solche Frauen „abgelegte Schuhe". Auf dem Höhepunkt der Ereignisse dieses Sommers sah ich sie mehrmals aus dem Fenster meines Büros im dritten Stock, wie sie von den Roten Garden herumgeführt wurde. Eine Schnur mit alten Schuhen baumelte an ihrem Hals, und sie trug ein Schild mit der Aufschrift: „Ich bin ein großer abgelegter Schuh."

Im August 1966 beobachtete ich erstmals, dass Rotgardisten Menschen schlugen. Sie verurteilten „Kapitalistische Abweichler" und Hausbesitzer, darunter Gouverneur Li Fanwu.

Zuerst drückten sie ihnen die Köpfe nieder und schrien Sätze wie: „Seht euch diese Vampire an! Sie öffnen den Mund und werden gefüttert. Sie breiten die Arme aus und werden bekleidet!" Dann begannen die Rotgardisten, sie zu schlagen. Einer schlug den Gouverneur sogar mit dem Metallverschluss seines Militärgürtels. Doch Li Fanwu sollte letztendlich noch Schlimmeres widerfahren als diese Schläge: Er wurde von den Mitgliedern seiner eigenen Familie denunziert.

Als Oberhaupt der Provinz war der Gouverneur die wichtigste Zielscheibe der Roten Garden. Seine Untergebenen konspirierten gegen ihn, vor allem die jüngeren Kader, Rebellenfraktionen, die der Provinzregierung angehörten. Sie entdeckten, dass der Gouverneur und seine Tochter auf offiziellen Reisen oft im selben Zimmer wohnten und konfrontierten die Tochter des Gouverneurs daraufhin mit einer schlimmen Anschuldigung: Inzest. Haben sie diesen Vorwurf selbst wirklich geglaubt? Vermutlich nicht. Sie haben es beispielsweise nicht gewagt, die Tochter öffentlich vorzuführen. Stattdessen verfassten sie ein Dokument, das sie unterschreiben sollte. Die junge Frau hatte nun zwei Möglichkeiten: zu unterschreiben und eine begehrte Stelle in der Armee zu erhalten oder sich zu weigern und als Tochter eines „Schwarzen Elements" verurteilt und aufs Land geschickt zu werden. Sie unterschrieb das Dokument.

Am 4. September 1966 fanden sich mehr als 100 000 Menschen auf dem Rote-Garden-Platz zu einer Massenkundgebung ein, die unter dem Motto stand: „Bombardiert das Hauptquartier! Entlarvt und denunziert das Parteikomitee der Provinz!" Die Menge war so groß, dass es eine Weile dauerte, bis alle ihre Plätze eingenommen hatten. Gouverneur Li Fanwu wurde auf die Bühne gebracht und gezwungen, sich tief zu verbeugen, während er auf einem Stuhl stand. Sie lasen den Brief seiner Tochter vor. Dann brachten sie seine Nichte auf die Bühne, die weitere „Verbrechen" enthüllte. Sie war um die 20 und hatte beim Gouverneur und ihrer Tante gelebt. Eigentlich war sie in seiner Familie aufgewachsen, weshalb sie viel über ihn wusste. Sie las einen Text vor, den die Roten Garden vorbereitet hatten und in dem zwei Hauptanklagepunkte genannt wurden: politischer Ehrgeiz und „der Versuch, kostbare Gegenstände zu verstecken". Die angeblichen Reichtümer wurden bei der Versammlung gezeigt: drei Uhren, zwei Anstecknadeln und zwei Handtaschen aus Kunstleder. Der besorgte Gouverneur hatte sie aus Angst vor Entdeckung seiner Nichte zur Aufbewahrung gegeben, die sie aber den Roten Garden ausgehändigt hatte. Ich sah mir die Uhren genauer an. Eine hatte ein zerschlissenes Lederband, die andere eines aus Metall, die dritte überhaupt keines.

ı in seinem Büro beim *eilongjiang Tagblatt* in Harbin ı der Pose eines zum Mythos ɜwordenen Filmhelden, der ch kampfbereit dem Feind ellt (mit Selbstauslöser aufgeɔmmen). 15. Juni 1966

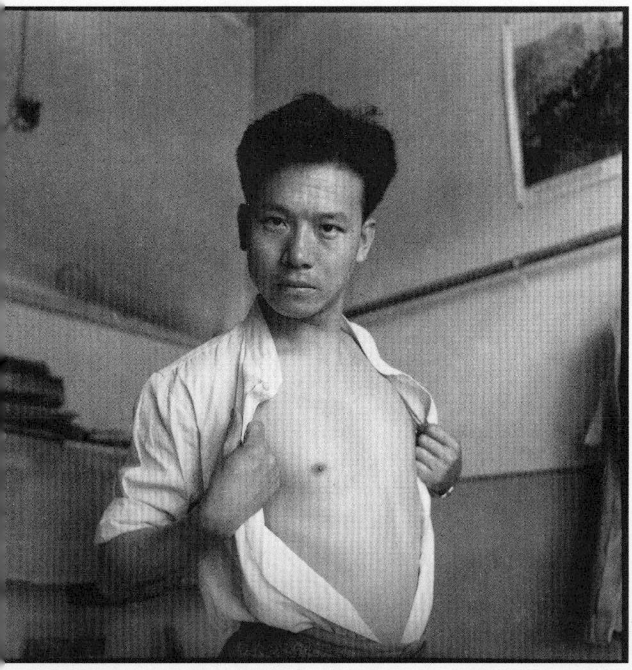

Was seinen politischen Ehrgeiz anbelangte, so hatte der Gouverneur unglücklicherweise eine auffällige Ähnlichkeit mit Mao. Es gab ein Foto von ihm, das ihn am Strand von

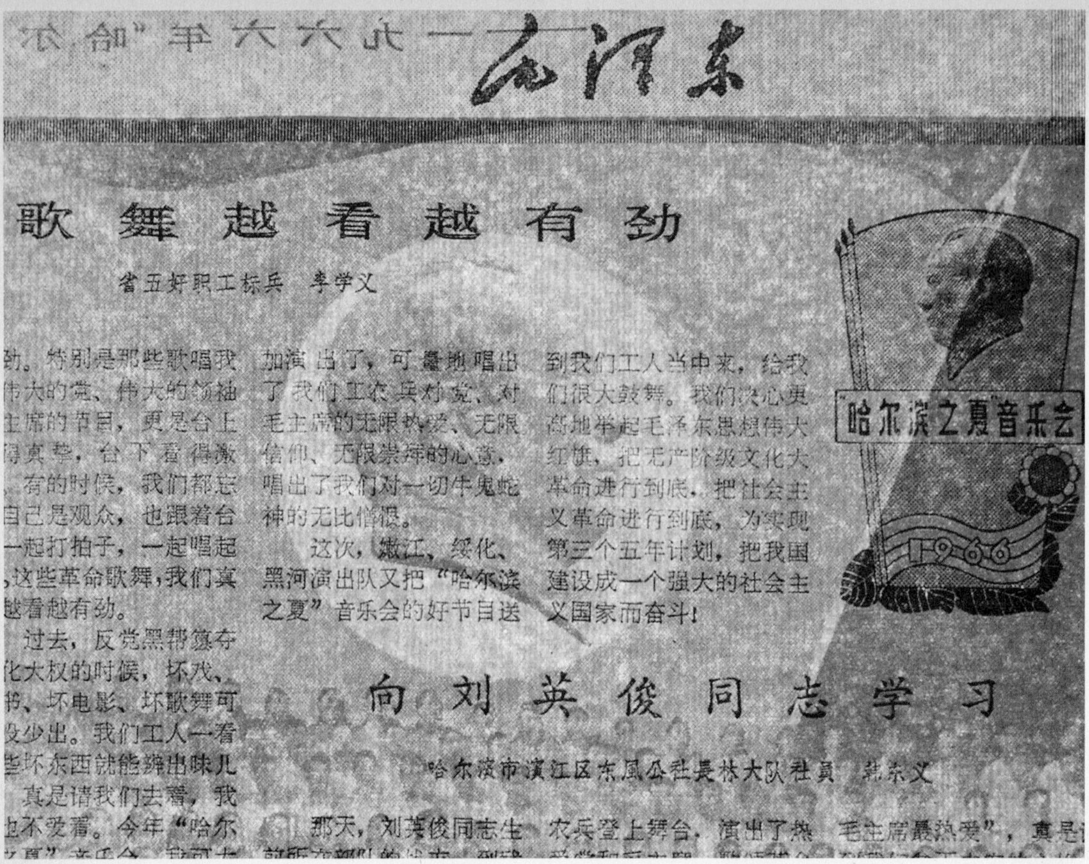

歌舞越看越有劲

省五好职工标兵 李学义

劲。特别是那些歌唱我伟大的党、伟大的领袖主席的节目，更是台上得真挚，台下看得激。有的时侯，我们都忘自己是观众，也跟着台一起打拍子，一起唱起，这些革命歌舞，我们真越看越有劲。

过去，反党黑帮篡夺化大权的时候，坏戏、书、坏电影、坏歌舞可没少出。我们工人一看些坏东西就能辨出味儿真是请我们去看，我也不爱看。今年“哈尔之夏”音乐会……

加演出了，可是她唱出了我们工农兵对党、对毛主席的无限热爱、无限信仰、无限崇拜的心意，唱出了我们对一切牛鬼蛇神的无比憎恨。

这次，嫩江、绥化、黑河演出队又把“哈尔滨之夏”音乐会的好节目送到我们工人当中来，给我们很大鼓舞。我们决心更高地举起毛泽东思想伟大红旗，把无产阶级文化大革命进行到底，把社会主义革命进行到底，为实现第三个五年计划，把我国建设成一个强大的社会主义国家而奋斗！

哈尔滨之夏音乐会
1966

向刘英俊同志学习

哈尔滨市滨江区东風公社長林大队社員 韩东义

那天，刘英俊同志生…… 农兵登上舞台，演出了热…… 毛主席最热爱”，真是……

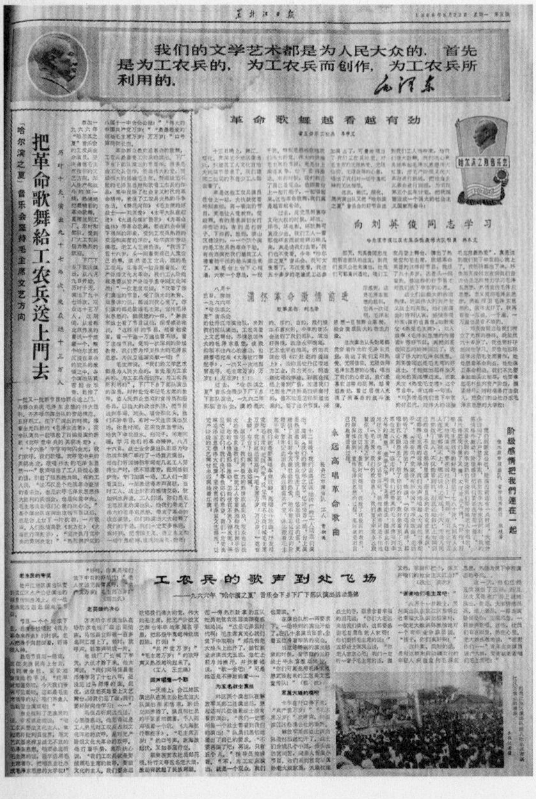

我们的文学艺术都是为人民大众的，首先是为工农兵的，为工农兵而创作，为工农兵所利用的。 毛泽东

把革命歌舞給工农兵送上門去

革命歌舞越看越有劲

向刘英俊同志学习

工农兵的歌声到处飞扬

歌颂伟大的毛泽东思想 歌颂社会主义新时代

——一九六六年“哈尔滨之夏”音乐会画页

ı der Ausgabe des *Heilongjiang* *ıgblatts* vom 22. August 1966 urden Artikel veröffentlicht, ı denen die neue Ära des Sozia-smus und Mao Tse-tungs Ideen ·priesen wurden (linke Seite, nten links), auf der Rückseite ·schien ein Bildessay zum ommerfestival von Harbin inke Seite, unten rechts). Die oten Garden bemerkten, dass enn man die Seite gegen das icht hielt, ein lanzenähnlicher ahnenmast vom oberen Bild es Artikels über das Sommer-stival auf der Rückseite den nschein erweckte, als ob er Iaos Kopf durchbohrte (linke eite oben). Sie beschuldigten ie Herausgeber und das Foto-rafenteam, darunter Li, die eiten in konterrevolutionärer ıbsicht bewusst so konzipiert u haben, um den Vorsitzenden Iao zu verunglimpfen. Nach iner offiziellen Untersuchung vurden sie der „Nachlässigkeit egenüber der Revolution" für chuldig befunden.

Dalian mit zurückgekämmtem Haar und im Trenchcoat zeigte, wie er auf das Meer hinaus blickte – sehr ähnlich dem berühmten Bild von Mao, das in der Sommerresidenz des Parteivorsitzenden in der Bucht von Bo Hai aufgenommen wurde. Diese Aufnahme wurde nun als Beweis gegen ihn vorgelegt. „Genossen, seht euch diese Frisur an, sieht sie nicht genauso aus wie die unseres geliebten Führers, des Vorsitzenden Mao? Was für eine Arroganz. Lassen wir uns das gefallen?" Das Publikum begann zornerfüllt zu singen: „Schert ihm das Haar. Schert ihm das Haar. Schert ihm einen *Geisterkopf*."

Ich eilte zu Li Fanwu und machte mehrere Fotos mit Maos Porträt im Hintergrund, sodass man die beiden Frisuren vergleichen konnte. Ein Rotgardist ermahnte mich zur Eile, da man mir sonst vorwerfen würde, „die revolutionäre Aktion zu behindern". Sie waren sehr ungeduldig. Nachdem ich mich zurückgezogen hatte, eilten mehrere Männer herbei, zogen den Gouverneur ohne ein weiteres Wort hoch und hießen ihn seine Hände auf die Rückenlehne des Stuhls zu legen. Ein junger Mann mit aufgerollten Ärmeln und eine Rotgardistin, die eine Militärkappe mit rotem Stern trug, – beide Teenager – ergatterten die besten Plätze, zu seiner Rechten und zu seiner Linken. Der junge Mann hielt eine Haarschneidemaschine in seinen Händen, das Mädchen Schere und Kamm.

Ohne auf eine Anweisung zu warten, machten sie sich ans Werk. Die junge Frau kämmte dem Gouverneur mit der rechten Hand das Haar aus der Stirn und begann mit der linken Hand zu schneiden – eine echte „Linke", dachte ich. Der junge Mann fuhr mit der Haarschneidemaschine, die sehr gut schnitt, zwei Mal über den Kopf des Gouverneurs. Dann drehte er an einer Schraube des Geräts, um es etwas schwieriger zu machen. Als er erneut ansetzte, verfing sich das Haar des Gouverneurs im Gerät, woraufhin er einfach daran zog und ihm die Haare ausriss, während er mit einem anderen jungen Mann lachte und scherzte. Nach ein paar Minuten war die Frisur zerstört und Li Fanwu verunstaltet. Nun war eine andere junge Rotgardistin mit Brille an der Reihe, aber der Gouverneur hatte kaum noch Haare auf dem Kopf. Frustriert hob sie die Haarbüschel auf, die auf der Bühne lagen und stopfte sie ihm in den Kragen.

Nach dem „Haarschnitt" wurde Li Fanwu gezwungen, wieder auf den Stuhl zu steigen und sich tief zu verbeugen. Ich fotografierte ihn erneut vor dem Porträt des lächelnden Mao. Das Haar des Anstoßes war beseitigt, nicht aber der Makel seiner beiden Verbrechen, ein „großer Karrierist" und ein „Schwarzes Element" zu sein. Auch wurde er hinsichtlich des Inzestvorwurfs nie wirklich rehabilitiert. Bei der Gründung des neuen Chinas 1949 war er Minister geworden, doch

.i überprüft in seinem Büro eim *Heilongjiang Tagblatt* seine Kameraausrüstung (mit Selbst-uslöser aufgenommen). An der 'ür hängt ein Plakat mit der ufschrift: „Lest die Bücher des Vorsitzenden Mao und folgt einer Anweisung." 27. Mai 1966

ab jetzt kam er nie mehr über die Position des stellvertretenden Leiters in einem Büro der Forstwirtschaft hinaus. Seiner Tochter hat er nie verziehen, nicht einmal auf seinem Totenbett 20 Jahre später. In seinem letzten Willen verbot er ihr, auf sein Begräbnis zu kommen. Während der Revolution sollte er mehr als 2000 Mal bei Kritikversammlungen vorgeführt werden.

Da das *Heilongjiang Tagblatt* wie alle chinesischen Zeitungen der lokalen Behörde unterstand, wurde es von den Roten Garden mit Argwohn betrachtet. Eine Woche vor der Attacke auf den Jile-Tempel kamen Rebellen des Militärinstituts und der Universität der Industrie zu einer hitzigen Diskussion in die Zeitungsredaktion. Diese beiden Universitäten waren die Hochburgen der Roten Garden. Das Militärinstitut war die größte Universität in der Provinz, in der viele Kinder von Führungspersonen studierten – unter ihnen auch Maos Neffe.

Einige Tage später wurde auf dem Sportplatz der Universität der Industrie eine Versammlung abgehalten. Gemeinsam mit zwei anderen Fotografen wurde ich hingeschickt, um das Ereignis festzuhalten. Als wir ankamen, erkannten uns die Rotgardisten sofort wieder. „Ihr seid die Fotojournalisten der Provinzzeitung“, sagten sie. „Ihr seid die schwarzen Agenten.“ Sie dachten, wir wären hier, um Fotos zu machen, die wir später gegen sie verwenden könnten, umzingelten uns wutentbrannt und drängten uns Richtung Bühne, wo sie uns das Geständnis abringen wollten, dass wir hier waren, um belastendes Material zu sammeln.

Den größten von uns drei Fotografen, Zhang Ge, der Leiter des Fotografenteams, schoben sie tatsächlich auf die Bühne. Die Roten Garden verlangten von ihm eine Antwort auf die Frage, ob er ein „schwarzer Agent“ sei oder nicht. Zhang Ge war schon vor der Gründung des neuen China Fotojournalist gewesen, ich sah, wie er in jeder Hand eine Kamera hochhielt und sinngemäß sagte: „Ich habe mein Leben lang Fotos gemacht, und wenn ihr wollt, dass ich dem Volk mit der Kamera diene, werde ich versuchen, mein Bestes zu geben.“ Als die Roten Garden erkannten, dass sie nichts aus ihm herausbekamen, öffneten sie seine Kameras und zerstörten die Filme.

Damals hatte jeder Fotograf des *Heilongjiang Tagblatts* eine 35 mm-Leica M3 und eine Mittelformatkamera der Marke Rolleiflex. Diese beiden im Ausland produzierten Kameratypen waren sehr teuer, und damit sie nicht beschädigt würden, kaufte mein Chef nach diesem Vorfall billigere Kameras aus Schanghai, die wir verwenden sollten, wenn die Gefahr bestand, dass es zu einer Konfrontation mit den Roten Garden kommen könnte. Doch nach diesem Vorfall hatten vor allem die älteren Fotografen kein Interesse mehr daran, Versammlungen und Paraden zu dokumentieren, die von den Roten Garden organisiert wurden.

Li (Zweiter von links) mit acht ehemaligen Kommilitonen der Filmschule von Changchun während eines Ausflugs nach Peking in einem konfiszierten amerikanischen Ford Mercury, den früher der Vizepremier und Außenminister Chen Yi benutzte, und der zeitweilig an Rebellengruppen aus der Provinz Heilongjiang verliehen wurde (mit Selbstauslöser aufgenommen). 16. Oktober 1966

01-08042

in seinem Büro beim *eilongjiang Tagblatt* mit einer rmbinde der Roten Garden, e er sich aus der Druckerei r Zeitung ausgeliehen hatte nit Selbstauslöser aufgenom-en). 6. Juli 1966

Ich war der Jüngste im Team, hatte gerade die Schule abgeschlossen, noch wenig Erfahrung und wollte so viel wie möglich fotografieren. Mein Lehrer Wu Yinxian, der in den 1930er Jahren Fotos von Mao in Yanan gemacht hatte, hatte mir einmal erklärt, es sei nicht Aufgabe des Fotografen, Zeuge der Geschichte zu sein, sondern die Geschichte aufzuzeichnen – und ich erkannte, dass ich diese turbulente Zeit dokumentieren musste. Ich wusste nicht wirklich, ob ich es für die Revolution, für mich oder für die Zukunft tat, aber ich wusste, dass die Kamera mein Medium war.

Wir erhielten von der Zeitung pro Monat nur 15 der 35 mm-Filmrollen und 20 Rollen eines mittelformatigen 120er Films, doch bekamen wir für jeweils vier veröffentlichte Bilder eine Extrarolle 35 mm-Film beziehungsweise zwei Rollen mittleren Formats. Man musste sich etwas einfallen lassen. So stellte ich mich zu Hause vor den Spiegel und probte die verschiedenen Parolen. Ich bemerkte, dass der Satz *Jing Zhu Mao Zhuxi Wan Shou Wu Jiang!* – „Lang lebe der Vorsitzende Mao" – mit offenem Mund endete. Schön – die Zeitung würde kein Bild verwenden, auf dem alle mit erhobenen Fäusten und geschlossenem Mund da standen; man musste sehen, dass sie sangen. Nachts, wenn sich große Menschenmengen versammelten, aber kein Agitator dabei war, brachte ich sie sogar selbst dazu, diese Parole zu singen. Als Fotograf war ich auch Teilnehmer. Wenn ich die singende Menschenmenge nicht gerade fotografierte, sang auch ich; wenn alle die Fäuste hoben, hob auch ich die Faust. Die revolutionären Leidenschaften erhitzten unsere Gemüter, und wer nicht mit dem Strom schwamm, lief Gefahr unterzugehen.

Es fiel mir auf, dass jene, die eine Armbinde der Roten Garden trugen, ungehindert fotografieren durften, weshalb ich kurzerhand den Entschluss fasste, mir eine zu besorgen. Nach dem Beginn der Kulturrevolution hatten mehrere Rebellengruppen eine Zeitung gegründet, unter ihnen die Allgemeine Rebellengruppe und die Rebellengruppe der Roten Arbeiter, die sich aus Arbeitern des Druckereigewerbes rekrutierte. Zunächst bat ich um Aufnahme in die Redaktionsgruppe, doch man ließ mich wissen, dass ich „zu konservativ" sei. Die Druckereigruppe lehnte mich mit der Begründung ab, dass sie nur proletarische Arbeiter aufnähme. Ich wusste jedoch, ich musste an eine Armbinde kommen, auf welche Weise auch immer. Deshalb gründete ich am 28. August gemeinsam mit fünf anderen jungen Männern und einer jungen Frau der Redaktionsabteilung ebenfalls eine Rebellengruppe. Mit zweien davon teilte ich mein Zimmer.

Die Armbinde, die Li und seine Rebellengruppe während ihres Besuchs in Peking Anfang 1967 erhielten. Die kopierten Schriftzeichen in Maos Handschrift bedeuten: „Roter Nachrichtensoldat“. Die Armbinde trägt den offiziellen Stempel des „Nationalen Hauptquartiers der Revolutionären Rebellen in den Nachrichtenmedien“.

Da wir anfangs nur sieben Mitglieder hatten, konnten wir uns nicht „Rebellengruppe“ nennen. Wir wurden also ein „Kampfteam“. Natürlich musste das Wort „rot“ im Namen enthalten sein, deshalb beschlossen wir, dass die Organisation den Namen „Kampfteam der Roten Jugend“ erhalten sollte. Die anderen Mitglieder wählten mich zum Teamleiter, und ich machte mich sofort auf den Weg in einen Laden, um eine rote Armbinde mit den drei Schriftzeichen für „Rote Garden“ anfertigen zu lassen. Nun konnte ich so viele Fotos machen, wie ich wollte, und niemand hat mich je mehr behelligt.

Die Mitglieder der Allgemeinen Rebellengruppe, die sich für die wahren roten Rebellen bei der Zeitung hielten, waren allerdings nicht besonders erfreut über unser Kampfteam. In der Kulturrevolution versuchte jeder revolutionärer zu sein als der andere, ich war keine Ausnahme Der Streit, den wir darüber führten, wer von uns nun die wahren Revolutionäre waren, dauerte bis Anfang des Jahres 1967. Um die Sache endgültig zu klären, wählte jede Gruppe drei Vertreter, und wir sechs nahmen den Zug nach Peking und gingen zum ehemaligen chinesischen Medienverband, um das Urteil in der Streitfrage zu hören. Dieser Medienverband war nach der Machtübernahme durch die Rebellengruppen zum Nationalen Hauptquartier der Roten Rebellen in den Nachrichtenmedien umorganisiert worden.

Letztendlich unterstützte das Hauptquartier, nachdem sie die Frage geprüft hatten, unsere Gruppe: Wir wurden als die wahren Rebellen anerkannt. Sie gaben uns sogar einen neuen Namen – *Roter Nachrichtensoldat* – und eine Armbinde mit vier Schriftzeichen, kopiert nach Maos eigener Kalligraphie. Ich war so aufgeregt, als ich diese Armbinde erhielt, dass ich sie, als ich in die Provinz Heilongjiang zurückkehrte, nicht ein einziges Mal anlegte. Ich hütete sie wie einen Schatz und trug weiterhin die alte Armbinde der Roten Garden – ich besitze sie noch immer, bis zum heutigen Tag. Wenn ich sie heute, fast 40 Jahre später, betrachte, sieht sie noch so neu aus wie an dem Tag, an dem ich sie erhielt.

全国新闻界革命造反者总部
红色新闻兵
总字第 号

1966

Am 16. Mai 1966 gab Mao das Rundschreiben heraus, das den offiziellen Beginn der Großen Proletarischen Kulturrevolution markiert. Es erklärte eine nur drei Monate zuvor verfasste, etwas eingeschränktere Resolution für ungültig und besagte: „Die gesamte Partei muss den Anweisungen von Genosse Mao Tse-tung Folge leisten, das große Banner der proletarischen Kulturrevolution hochhalten, die reaktionäre bourgeoise Einstellung so genannter akademischer Autoritäten, die gegen die Partei und den Sozialismus opponieren, entlarven, die reaktionären bourgeoisen Ideen im Bereich Hochschule, Bildung, Journalismus, Literatur, Kunst und Verlagswesen scharf kritisieren und ablehnen und die Führung in diesen kulturellen Bereichen übernehmen. Um dies zu erreichen", hieß es Unheil verkündend weiter, „ist es gleichzeitig nötig, jene Vertreter der Bourgeoisie zu kritisieren und zu eliminieren, die sich in die Partei, die Regierung, die Armee und alle Bereiche der Kultur eingeschlichen haben ..."

Das Rundschreiben wurde genau zu der Zeit veröffentlicht, als an einer Mittelschule in Peking die Roten Garden gegründet wurden. Die Mitglieder der Studentenbewegung, die sich durch die grimmige Entschlossenheit auszeichneten, „ihr Leben für den Vorsitzenden Mao zu opfern", und durch seine Aufforderungen aufgehetzt waren, „Feuer zu entzünden", die den revolutionären Geist lebendig halten sollten, pflasterten die Wände der Nation mit Parolen und handgeschriebenen Anschlägen zu, die als „Wandzeitungen" bezeichnet wurden. Sie hielten Massenkundgebungen ab, attackierten Lehrer und sonstige Behördenvertreter, weshalb es auch bald zu Konfrontationen mit den Regierungsbehörden kam. Präsident Liu Shaoqi bat den Vorsitzenden vergebens um Instruktionen, bevor er Arbeitsgruppen an die Schulen entsandte, um die Ordnung wiederherzustellen. Nachdem die Arbeitsgruppen die Gewalt an den Schulen zurückgedrängt hatten, ergriff Mao die Aktion als einen Vorwand, um das „burgeoise Hauptquartier", dessen Vorsitz Liu innehatte, zu attackieren und sich wieder nach Peking zu begeben.

Am 16. Juli 1966 kam es zu der spektakulären Schwimm-Aktion des 72-jährigen Mao im Yangzi, bei der er in einer zweistündigen Demonstration seiner Kraft signalisierte, dass er wieder am Ruder war. Zwei Tage später flog er nach Peking. Er zwang Liu Shaoqi zu öffentlicher Selbstkritik, weil er angeblich einen „Akt der Unterdrückung und des Terrors" angezettelt hatte und veröffentlichte am 5. August nach dem Vorbild der Roten Garden selbst eine Wandzeitung mit der Aufschrift: „Bombardiert das Hauptquartier!" Nachdem er die Nationalisten, die Japaner, die Amerikaner und die Sowjets, die Grundbesitzer und die Kapitalisten bekämpft hatte, entfesselte der Mann, der einst geschrieben hatte: „Politik ist Krieg mit anderen Mitteln" einen Guerillakrieg gegen seine eigene Partei.

Harbin, Provinz Heilongjiang, 1. Juni 1966

Eine begeisterte Menge versammelt sich nachts auf den Straßen, nachdem ein offizieller Nachrichtensender den Wortlaut einer großen Wandzeitung verkündet hat, die am 25. Mai an der Universität von Peking ausgehängt wurde, und in der die Parteiführer der Universität beschuldigt wurden, die Kulturrevolution nicht durchgeführt zu haben.

Mehrere tausend Fakultätsmitglieder und Studenten der Universität der Industrie in Harbin gehen auf die Straße, um Maos ersten Auftritt vor den Bürgern zur Unterstützung der Kulturrevolution zu feiern. Sie halten eine Tafel hoch, auf der zu lesen ist: „Kümmert euch um die Angelegenheiten des Staates und geht den Weg der Großen Proletarischen Kulturrevolution bis zum Ende."

Harbin, 12. August 1966

要关心國家大事
把无产阶级文化
命进行到底!

In der Nacht des 13. August gehen die Menschen auf die Straße, um den „Sechzehn Punkte"-Beschluss des Zentralkomitees, eine Legitimation der Kulturrevolution, zu feiern (unten). Drei Tage danach wird das schicke Restaurant Madier in Harbin mit seiner europäisch inspirierten Architektur von den Roten Garden in „Anti-revisionistisches Restaurant" umbenannt (rechte Seite).

反修饭店

誓把无产阶级文化大革命进行到底！
誓死保卫党中央！
誓死保卫毛主席
火烧东北局大

Harbin, 17. August 1966

)er revolutionäre Eifer der Roten ;arden richtet sich bei einer /lassenveranstaltung am Rote-;arden-Platz gegen das Partei-:stablishment. Sie fordern, das Nordost-Amt zu verbrennen" große Schriftzeichen in der Mitte).

Am 18. August 1966 stand Mao auf dem Tiananmen-Tor in Peking vor einer Million begeisterter Rotgardisten, die ihre Roten Bücher schwenkten, und legte eine Armbinde an, die ihm eine junge Rotgardistin geschenkt hatte. Mit dieser Geste stellte er sich entschieden hinter die Studentenbewegung und gegen das Partei-Establishment. In nur wenigen Wochen waren die Auswirkungen dieses symbolischen Akts in ganz China spürbar, Tausende von Rebellengruppen, die keiner direkten Kontrolle unterstanden, formierten sich, es kam zu Demonstrationen in allen Landesteilen, monumentalen Kritik-Versammlungen und einer landesweite Welle der Gewalt. Unter dem Motto, die „Vier Alten Dinge" – alte Ideen, alte Kultur, alte Sitten und alte Gebräuche – zu eliminieren, wurden Schulleiter, Zeitungsredakteure, Intellektuelle und Beamte aller Regierungsebenen attackiert und in vielen Fällen vom Mahlstrom der Revolution niedergewalzt, während die Kampagne zur Ausmerzung aller „Schlangenmonster und Ochsendämonen" sich allmählich auf die Parteihierarchie ausweitete.

In Heilongjiang brachte die Kulturrevolution Pan Fusheng an die Macht. Er war in den späten 1950er Jahren erster Parteisekretär der Provinz Henan gewesen, wurde aber des Amtes enthoben, als er sich Maos Großem Sprung nach vorn entgegensetzte, und musste sich mit dem Posten als Vorsitzender einer Kooperative in Peking begnügen. Ängstlich darauf bedacht, seine Loyalität gegenüber dem Parteivorsitzenden unter Beweis zu stellen, verfolgte er nun eine ultralinke Linie, wofür er 1966 mit der Ernennung zum neuen ersten Parteisekretär von Heilongjiang belohnt wurde. Ende August 1966 organisierten die Roten Garden mit seiner Unterstützung Demonstrationen mit Hunderttausenden von Menschen in der Hauptstadt Harbin, sie benannten Straßen, Stadien und Restaurants um und gaben ihnen revolutionäre Namen, führten Wohnungsdurchsuchungen durch und inhaftierten, schlugen und peinigten vermeintliche Feinde. Schulklassen wurden aufgelöst, und die Industrie kam praktisch zum Stillstand, da die gesamte Bevölkerung an den Massenkundgebungen und an revolutionären Ereignissen teilnehmen musste.

Die Roten Garden bei der Vorführung des Liedes und Tanzes „Rebellion ist berechtigt“ (unten). Der neu ernannte erste Sekretär des Provinzparteikomitees Pan Fusheng, der eine rote Armbinde trägt, wendet sich an die Menschenmenge und ermutigt sie „gegen die Parteiführung der Provinz zu rebellieren“ (rechte Seite).

斗倒、斗臭王一伦
灭以后
依然存在
要和我们
我们决不
反革命修正主义分子
王一伦

Harbin, 23. August 1966

的斗争，
泽东
挖深

Der Parteisekretär der Provinz, Wang Yilun, eine der mächtigsten Führungspersonen von Heilongjiang, wird von Roten Garden der Universität der Industrie attackiert und gezwungen, ein Schild mit der Anschuldigung „Konterrevolutionäres revisionistisches Element." um den Hals zu tragen.

Harbin, 23.–24. August 1966

ie Roten Garden stürmen die
ussisch-orthodoxe Holz-Kirche
es hl. Nikolaus (linke Seite),
evor sie sie niederreißen. Am
ächsten Tag plündern sie den
uddhistischen Jile-Tempel,
erbrennen die Skulpturen und
ie heiligen Schriften (unten).

Unter den vielen Feinden der Roten Garden war auch eine altbekannte Gegnerin des Kommunismus: die Religion. Der traditionelle Buddhismus, der von den Kommunisten lange ebenso wie die importierte Religion des Christentums toleriert wurde, geriet nun unter Beschuss, Tempel und Kirchen wurden geplündert und zerstört, heilige Bücher und Statuen entweiht und religiöse Führer verurteilt. In Harbin zerstörte der Mob auf dem Höhepunkt der Raserei dieses Sommers mit Hilfe eines Feuerwehrautos und eines Seils die altehrwürdige 100 Jahre alte russisch-orthodoxe Kirche des hl. Nikolaus, am folgenden Tag plünderte sie das berühmte buddhistische Zentrum der Stadt, den ehrwürdigen Jile-Tempel.

Die Menschenmasse vor dem Jile-Tempel jubelt, als die Roten Garden vom Militärinstitut Harbin die Mönche zur Selbstkritik zwingen, nachdem sie ihre Heiligtümer zerstört haben.

送 瘟 神
送瘟神

Harbin, 24. August 1966

什么佛
横

Harbin, 24. August 1966

Während der Selbstkritik werden die Mönche gezwungen, ein Banner zu halten, auf dem steht: „Zur Hölle mit den buddhistischen Schriften. Sie sind voller Hundefürze."

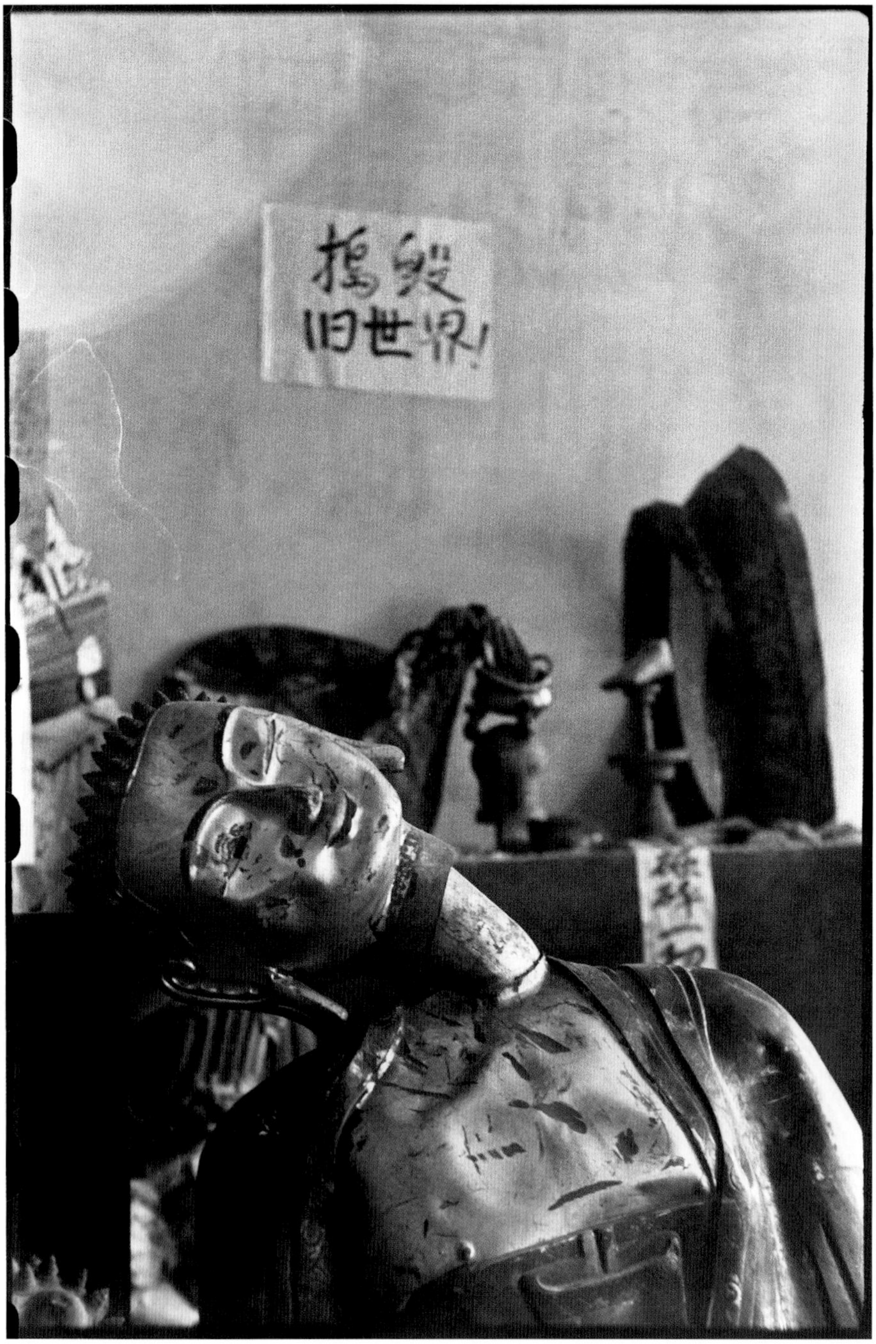
捣毁
旧世界!

Harbin, 24. August 1966

Nach der Zerstörung des Jile-Tempels hängt ein Zettel an der Wand mit der Aufschrift: „Zerstört die alte Welt“ (linke Seite). Die zerstörten Statuen werden mit Papierhüten entweiht (oben).

Harbin, 25. August 1966

Die Belegschaft des *Heilongjiang Tagblatts* beschuldigt Luo Zicheng, den vom Provinz-Parteikomitee ernannten Leiter der Arbeitsgruppe, den kapitalistischen Weg zu gehen und gegen die Massenbewegung zu opponieren. Seine Verbrechen sind auf dem Papierhut zu lesen, an der Wand hinter ihm befinden sich Porträts von Mao, Liu Shaoqi, Tschou En-lai, Zhu De, Chen Yun, Lin Biao und Deng Xiaoping (von links nach rechts).

Gegen Ende August 1966 hatten sich die Kampfversammlungen der Sozialistischen Erziehungsbewegung in sadistische Spektakel der Grausamkeit verwandelt, die von Hunderttausenden besucht wurden. Die Angeklagten, ihre Gesichter mit Tinte verschmiert, wurden nun gezwungen, stundenlang gebückt auf Stühlen zu stehen, ins Groteske verlängerte Papierhüte zu tragen und sich Schilder umzuhängen, auf denen ihre durchgestrichenen Namen standen. Danach wurden sie auf Pritschenwagen durch die Stadt gefahren. Manche wurden in provisorische Gefängnisse geworfen, die *nü pen* – Kuhställe – genannt wurden, und die sie nur verlassen durften, wenn sie von einer Kritikversammlung zur nächsten gebracht wurden. Manche Menschen mussten diese Demütigung hunderte, ja tausende Male über sich ergehen lassen.

Wie überall in China waren auch in Heilongjiang die Regierung und das Parteikomitee der Provinz die primären Zielscheiben der Rotgardisten. Bald wurden auch die obersten Führungspersonen Ren Zhongyi, der Parteisekretär der Provinz und erste Parteisekretär von Harbin, und Li Fanwu, der Parteisekretär und Gouverneur von Heilongjiang, Opfer der eskalierenden Kritik. Bei Massenversammlungen im Volksstadion von Harbin, das kurz davor in Rote-Garden-Platz umgetauft worden war, wurden die beiden neben anderen Parteisekretären auf die Bühne gebracht, unzähliger, oft schamlos zurechtgezimmerter Verbrechen bezichtigt, mit Beschimpfungen überhäuft und von den pflichteifrigen Roten Garden auch körperlich misshandelt.

Bei einer Massenversammlung am Rote-Garden-Platz wird Ren Zhongyi, der Parteisekretär der Provinz und erste Parteisekretär von Harbin, nachdem sein Gesicht mit schwarzer Tinte verschmiert wurde, gezwungen, einen Papierhut aufzusetzen und ein Schild mit der Anschuldigung „Schwarzes Element“ um den Hals zu tragen, während er auf einem wackeligen Stuhl steht, in den Händen hinter dem Rücken eine Schnur haltend, die mit dem schlecht passenden Hut verbunden ist.

反党黑帮分子
黎 侠

党黑帮分子
黎 侠

反党黑帮分

Harbin, 29. August 1966

ei einer von den Rebellen im
olksstadion der Provinz organi-
erten Massenversammlung
erden der Parteisekretär Wang
llun und Li Xia, die Frau des Gou-
erneurs Li Fanwu, an den Pranger
estellt, ihre Gesichter und Kleider
it Tinte bespritzt und ihre Ver-
echen auf Schildern, die man
nen umgehängt hat, aufgeführt
inke Seite). Der denunzierte
izegouverneur Chen Dejing wird
urch die Menge geführt (unten).

反党黑帮分子
陈德京

李范五

黑帮分子
王一伦

Oberste Parteifunktionäre werden während einer den ganzen Nach mittag dauernden Massenveranstaltung auf dem Rote-Garden-Platz denunziert: Li Fanwu (oben, rechts), der Parteisekretär der Provinz und Gouverneur von Heilongjiang, wird als „Karrierist“ kritisiert, Wang Yilung (oben, links) wird beschuldigt, ein „Schwarzes Element“ zu sein. Am selben Tag wird Chen Lei, ebenfalls Parteisekretär der Provinz, im Volksstadion der Provinz angeklagt (rechte Seite).

Harbin, 29. August 1966

无产
帮分子

Neben dem Vorwurf „Reichtümer anzuhäufen“ bezichtigte man Gouverneur Li Fanwu auch des Inzests mit seiner ältesten Tochter. Sie musste die Beschuldigung selbst vorbringen, wobei sie die Wahl hatte, im Falle einer Weigerung zu harter Arbeit aufs Land verbannt zu werden oder, im Falle ihrer Zustimmung, mit einer begehrten Position in der Armee belohnt zu werden. Zuletzt unterschrieb sie eine von den Roten Garden vorbereitete Aussage. Li Fanwu wurde auch des politischen Ehrgeizes beschuldigt. Beweise hierfür fand man in seiner Frisur, die ihm eine fatale Ähnlichkeit mit Mao verlieh und, wie es hieß, seine Machtgier symbolisierte. Zu den Schreien „Schert sein Haar. Schert ihm einen Geisterkopf“ wurde ihm von zwei jungen Rotgardisten brutal das Haar rasiert. Der Gouverneur, zuvor einer der mächtigsten Männer der Provinz, sollte während der Kulturrevolution mehr als 2000 Mal kritisiert werden. Er überlebte, war aber für alle Zeit durch die infame Beschuldigung des Inzests stigmatisiert und wurde nie wirklich rehabilitiert.

Gouverneur Li Fanwu wird Ähnlich-keit mit Mao vorgeworfen und deshalb von übereifrigen jungen Rotgardisten auf dem Rote-Garden-Platz brutal das Haar rasiert und ausgerissen.

黑帮分子
李范伍
黑帮
陳雷

Harbin, 12. September 1966

揭发批判省
黑帮分子
李范伍

揭发批判省委
黑帮分子
李范伍

黑帮分子
李范伍

黑帮分子
李范伍

Harbin, 12. September 1966

揭发批判省委问题大会

Nachdem ihm das Haar ausgerissen wurde, muss Li Fanwu stundenlang gebeugt stehen, das abgeschnittene Haar wurde ihm von einer erbosten Rotgardistin in Kragen und Hemd gestopft. Auf dem Banner hinter ihm ist zu lesen: „Bombardiert das Hauptquartier! Entlarvt und denunziert das Parteikomitee der Provinz!“

Beweisstücke für Li Fanwus Verbrechen „Reichtümer anzuhäufen" werden zur Schau gestellt: drei Uhren, zwei Broschen und drei Handtaschen aus Kunstleder.
Li Fanwus Nichte, die versprochen hatte, die Habseligkeiten aufzubewahren, lieferte sie den Roten Garden aus.

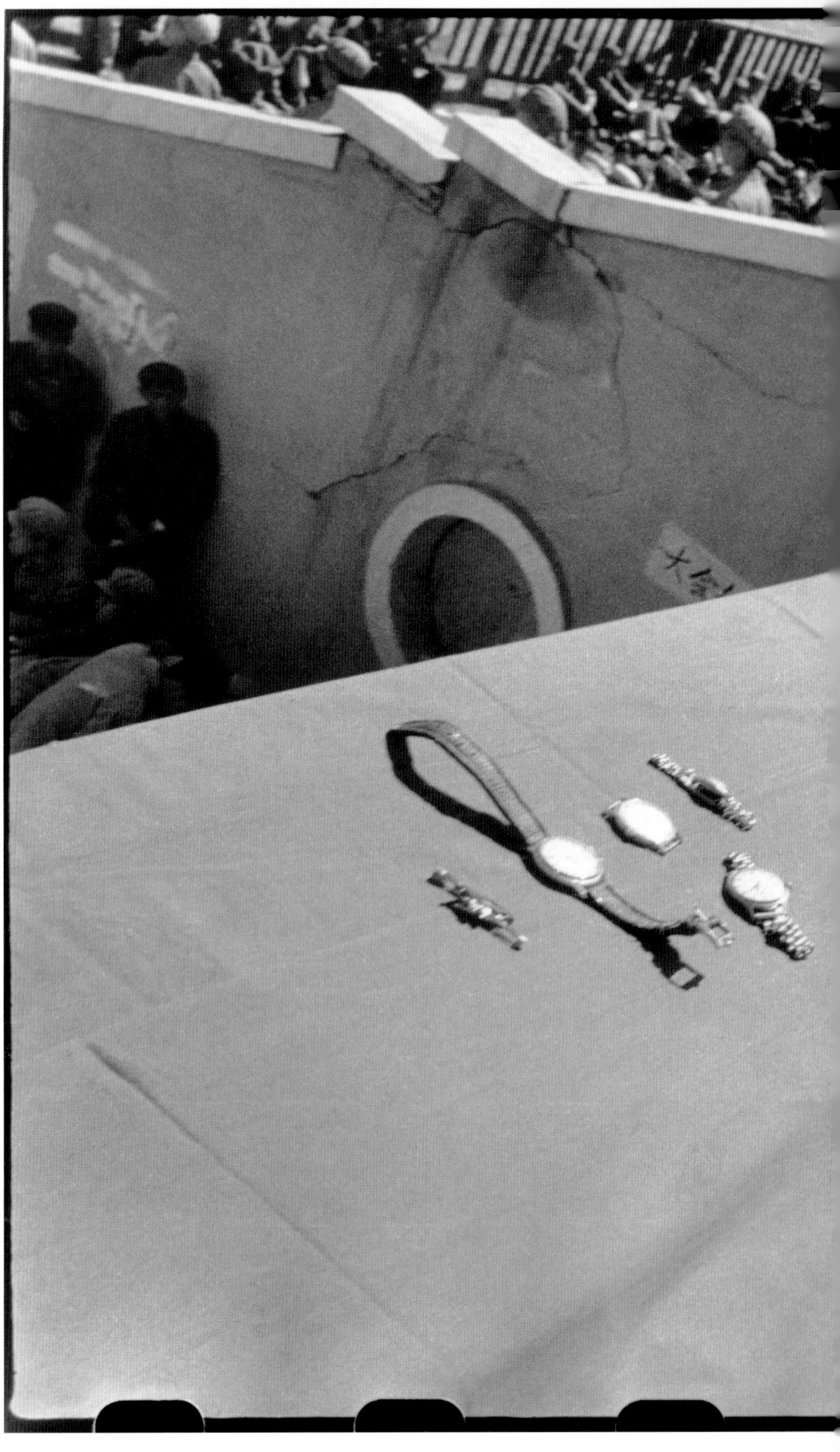

Harbin, 12. September 1966

向阳专业商店

靖宇医药商店
推銷
黑帮份子
土皇帝
反革命份子

Harbin, 12. September 1966

土皇帝
李范五
反革命份子
陈雷

Nach einem Monat der Kritikversammlungen werden Lü Qi'en, der Bürgermeister von Harbin (linke Seite, ganz links), Chen Li, Li Fanwu und Wang Yilun (linke Seite und oben, von rechts nach links) auf Lastwagen durch die Straßen von Harbin gefahren. Ihre Namen und Anschuldigungen – Konterrevolutionär, lokaler Despot und Schwarzes Element – sind deutlich auf den Schildern um ihren Hals zu lesen.

Harbin, 13. September 1966

FUJI SAFETY

Das studentische Publikum applaudiert während der Vorführung eines Propagandafilms in einem Kino in Harbin. Immer wenn Mao (hier gefolgt von Verteidigungsminister Lin Biao) auf der Leinwand zu sehen ist, rufen die Studenten: „Lang lebe der Vorsitzende Mao".

Mehrere hunderttausend Menschen besuchen eine Schulungsversammlung in maoistischem Gedankengut auf dem Rote-Garden-Platz.

Harbin, 13. September 1966

赤卫

反動學

Harbin, 19. September 1966

反动透顶、拒绝改造
的大房产主

Yu Ziwen, die bezichtigt wird „eine Großgrundbesitzerin“ zu sein, trägt den Stuhl auf das Podium am Rote-Garden-Platz, auf dem sie während der öffentlichen Kritikversammlung stehen muss. Auf dem Schild um ihren Hals sind ihr Name und ihr Verbrechen zu lesen.

Harbin, 19. September–1. Oktober 1966

Bei Hausdurchsuchungen konfiszierte Aktien, Wertpapiere und Sparbücher werden bei einer von den Roten Garden organisierten Versammlung verbrannt (linke Seite). Am Nationalfeiertag marschieren Schulkinder, die Speere mit roten Quasten und Armbinden der Roten Garden tragen, durch die Straßen. Im Hintergrund ein Kaufhaus, dessen Architektur an russische Gebäude erinnert (oben).

Peking, 5. Oktober 1966

Um das Feuer der neuen Revolution zu schüren, trat Mao zwischen August und November 1966 acht Mal auf dem Tiananmen-Platz in Peking vor den Roten Garden auf. Da die Roten Garden kostenlose Bahnfahrten organisierten, kamen mehr als elf Millionen Menschen aus allen Landesteilen zu diesen Veranstaltungen. Die Folge war ein fanatischer Mao-Kult, geprägt von einem Meer von grünen Uniformen, roten Armbinden und Roten Büchern, während die Truppen der Roten Garden den „Loyalitätstanz" tanzten und revolutionäre Lieder wie die „Hymne an den Steuermann" und „Die Sonne im Osten" sangen; manche warteten wochenlang, nur um einen Blick auf ihren Großen Führer zu erhaschen.

Diese Auftritte verstärkten das Phänomen, das als Mao-Kult bekannt wurde. Obwohl es dem Ziel des Kommunismus, eine klassenlose Gesellschaft zu etablieren, widersprach, erkannte Mao, wie Stalin vor ihm, die Wirksamkeit der Popularität und wusste sie einzusetzen, indem er den um ihn entstehenden Mythos weiter ausbaute.

Inmitten von mehr als einer Million Rotgardisten, die sich am Tiananmen-Platz versammelten und Maos Erscheinen erwarteten, führt eine Gruppe den „Loyalitätstanz" auf.

Eine junge Rotgardistin beim „Loyalitätstanz", während sie auf Maos Auftritt auf dem Tiananmen-Platz wartet..

Peking, 18. Oktober 1966

III...„DIE ROTE SONNE IN UNSEREN HERZEN“

大海航行靠舵手
干革命靠毛泽东思想
黑龙江日报
热烈祝賀黑龙江省第二次活学活用
毛澤东思想积极分子代表大会隆重开幕

III.

Ende September 1966 ging ich nach Peking, um Maos fünften Auftritt auf dem Tiananmen-Platz vor den Roten Garden und ihren „großen Zusammenschluss" zu fotografieren. Mao sollte zwischen August und November dieses Jahres acht Mal vor den Roten Garden auftreten. Insgesamt kamen elf Millionen Menschen zu diesen Versammlungen, und dies war die bisher größte mit mehr als eineinhalb Millionen Genossen, die aus allen Landesteilen in die Hauptstadt, das „Zentrum der Weltrevolution", strömten, um einen Blick auf den Großen Steuermann zu werfen.

Ich begleitete die Rebellengruppen des Instituts für Militärtechnik von Harbin. Die ganze Reise – Transport, Unterkunft, Verpflegung – wurde von der Zentralregierung organisiert und war kostenlos. Ein Sonderzug brachte uns direkt von Harbin nach Peking. Nach der Ankunft wurden die Studenten in Mittelschulen untergebracht, wo sie auf zu Betten umfunktionierten Tischen schliefen. Ich selbst logierte gemeinsam mit den Journalisten vom *Heilongjiang Tagblatt* in einem kleinen Hotel in der Nähe des Tiananmen-Tors.

Nach dem Nationalfeiertag am 1. Oktober war der Platz Tag und Nacht von Rotgardisten überfüllt, die auf Mao warteten. Sie wussten, dass er bald kommen würde, der genaue Zeitpunkt war jedoch unbekannt; diese Information wurde immer bis zum letzten Moment geheim gehalten. In der Zwischenzeit hielten eifrige Rotgardisten leidenschaftliche Ansprachen zur Verbreitung von Mao Tse-tungs Ideen, sie sangen Revolutionslieder und tanzten unermüdlich den „Loyalitätstanz".

Schließlich, am Abend des 17. Oktober, wurde über die Lautsprecher angekündigt, dass Mao am folgenden Tag erscheinen würde. Eine Welle der Erregung ging daraufhin durch die Menge, die ganze Nacht hindurch wurde gefeiert. Auch ich war aufgeregt und schlief nur wenige Stunden. In der Dämmerung wurden wir auf Lastwagen in die Fuxing-Straße, westlich des Tiananmen-Platzes gebracht. Dort warteten wir diszipliniert, in geordneten Reihen. Wir wurden aufgefordert, uns zu vergewissern, dass wir die Menschen um uns herum kannten, und Fremde zu melden. Wir warteten eine lange Zeit. Dann endlich, kurz nach Mittag, ging ein Jubelschrei durch die Straße, der uns elektrisierte: „Lang lebe der Vorsitzende Mao!"

Einige Tage zuvor war ich mit meiner Kamera am Tiananmen-Platz gewesen. Nachdem ich Probeaufnahmen von einem sich nähernden Auto gemacht hatte, wusste ich, dass ich von dem Moment an, in dem Maos Fahrzeug zu erkennen war, bis zu dem Zeitpunkt, wo es aus meinem Blickfeld entschwand, drei bis fünf Fotos schießen konnte. Zumindest eine gute Aufnahme müsste mir gelingen, dachte ich. Mao in Hochstimmung mit dem charakteristischen Lächeln, das immer in den Zeitungen gezeigt wurde, das „glorreiche Bild des Vorsitzenden Mao" – ein solches Foto schwebte mir vor. Ich erschrak, als ich in meinem Sucher den sich nähernden Jeep mit Mao entdeckte. Die Roten Garden jubelten ihm mit Tränen in den Augen von beiden Seiten der Straßen zu – doch von einem glorreichen Bild war nichts zu sehen. Mao

Titelseite des *Heilongjiang Tagblatts* vom 6. April 1968. Die vertikale Kalligraphie rechts ist ein Faksimile von Lin Biaos Handschrift: „Vertraut dem Steuermann auf der Fahrt durch die Meere, vertraut Mao Tse-tungs Ideen auf dem Weg zur Revolution."

Li (Mitte) auf dem Tiananmen-Platz in Peking mit Kollegen von *Heilongjiang Tagblatt*, kurz nach Maos fünftem Auftritt vor den Roten Garden (Foto: Xin Hua). 20. Oktober 1966

winkte der Menge weder zu, noch lächelte er. Er sah ausdruckslos geradeaus. Er hielt die Hände, als ob er applaudieren würde. Doch er applaudierte nicht. Der Jeep fuhr sehr schnell. Wenn ich nicht rasch handelte, würde es zu spät sein. Ich drückte auf den Auslöser. Ein Bild. Dies war das erste und letzte Mal, dass ich Mao Tse-tung gesehen habe.

Die Menschen in China begannen Maos Werk Anfang der 1960er Jahre, noch vor Beginn der Kulturrevolution, zu studieren, wie auf den Aufnahmen zu sehen ist, die ich während der „Vier Säuberungen" machte. Anfangs habe auch ich mich ernsthaft mit seinem Werk auseinandergesetzt – einiges darin erschien mir durchaus sinnvoll. Mao hatte die Eigenschaft, immer danach zu streben, stärker und besser zu werden. Wenn er irgendetwas nicht auf direktem Weg erreichte, dann gelang es ihm indirekt. In China gibt es ein Sprichwort: „Die Himmel öffnen sich nur dem wundersamen Denken." Es lässt sich gut auf Mao beziehen, und so hat er, trotz zahlenmäßiger Unterlegenheit, was Truppen und Waffen betrifft, die Nationalisten schließlich besiegt. Chiang Kai-shek dachte, er könne Mao in drei Monaten aus Yanan vertreiben. Aber Mao nahm große Risiken auf sich, er setzte sich hohe Ziele und strebte unaufhaltsam nach ihrer Verwirklichung. Hätte er das nicht getan, wäre er Schullehrer in der Provinz Hunan geblieben.

Später hielten die Menschen Mao für einen Gott; was immer er sagte, wurde zum Gebot. So war damals die gesellschaftliche Atmosphäre. Mao war mehr als ein Führer. Er war ein *Retter*. Und jeder musste an ihn glauben – oder zumindest Glauben vortäuschen. Seine Anweisungen waren heilig und waren blind zu befolgen. Lin Biao, der zweite Mann hinter Mao, auf dessen Betreiben das Kleine Rote Buch zusammengestellt worden war, hat es so formuliert: „Vorsitzender Mao ist ein Genie ... Ein einziger Satz von ihm sagt mehr als 10 000 Sätze von uns." Doch wenn man sich meine Fotografien aus dieser Zeit ansieht, bemerkt man, dass ich bereits begann, mir über die Vorgänge mein eigenes Urteil zu bilden. Als die Menschen etwa aus Maos Parolen Lieder machten, die sie begeistert sangen, habe ich für solche Szenen bewusst oder unbewusst oft Einstellungen oder Kompositionen gewählt, die zeigten, dass mir das alles etwas verrückt vorkam.

Aufgrund der damaligen politischen Situation mussten neue Fotos oft manipuliert werden. So habe ich beispielsweise eine Aufnahme von zwei Personen gemacht, die das Rote Buch lasen. An der Wand hinter ihnen hing ein Porträt von Mao. Da ich mit offener Blende fotografierte, war der Vordergrund scharf, das Porträt dahinter aber leicht verschwommen. Der Kult um den Großen Steuermann untersagte jedoch die Veröffentlichung von verschwommenen Porträts. Ich musste also ein scharfes Foto von Mao ausfindig machen und es über daschemenhafte legen. Ein noch absurderes Beispiel: Einmal fotografierte ich die Teilnehmer einer Massenkundgebung auf einem Sportplatz, die mir alle den Rücken zukehrten, weshalb von sämtlichen Porträts, die sie hochhielten, nur die hölzernen Bildrahmen zu sehen waren – der Herausgeber wies mich an, Bilder von Mao in die Rahmen zu kopieren, auch wenn dies die Perspektive verfälschte und unsinnig war, da sie in die falsche Richtung schauten.

In solchen Fällen habe ich die Retusche und Manipulation oft selbst durchgeführt – ich war ganz gut in diesen Dingen. Unter der Glasplatte auf meinem Schreibtisch lagen Dutzende von Mao-Porträts in allen Größen für solche Zwecke bereit, und meine Ausbildung in Malerei kam mir sehr zupass, wenn ich einen verdeckten Slogan ergänzen oder eine Faust übermalen musste, die den Anschein erweckte, als ziele sie auf das Gesicht unseres großen Führers.

Nachdem ich Anfang 1967 mit der roten Armbinde aus Peking zurückgekehrt war, stürzten die „Revolutionären Rebellenhauptquartiere der Arbeiter" in Schanghai das Parteikomitee und die Stadtregierung. Dieses Ereignis bezeichnete man später als Januarsturm, es war ein Orkan, der über ganz China hinwegfegte.

Umerziehung in der Kommune Xinsheng: Eine Tänzerin liest mit einer älteren Bäuerin Maos Werke – Bezirk Qingan, Provinz Heilongjiang, am 4. November 1969. Das Originalfoto (rechts) wurde vor der Veröffentlichung retuschiert – auf dem manipulierten Foto ist Maos Porträt nicht mehr verdeckt und vor einem bereinigten Hintergrund deutlich zu erkennen (außen rechts).

大海航行靠舵手 干革命靠毛泽东思想

毛主席最新指示

全面落实伟大领袖毛主席最新指示
迎接无产阶级文化大革命全面胜利

黑龙江日报

大海航行靠舵手
干革命靠毛泽东思想
黑龙江日報

紅太阳普照黑龙江 颗颗紅心向着紅太阳

参加省第二次活学活用毛泽东思想积极分子代表大会代表热情颂扬伟大领袖毛主席

毛主席啊！我们从心眼里热爱您，永远忠于您

高高的兴安岭升起紅太阳

紅心永向紅太阳

我梦见了毛主席

突出一个“忠”字 狠抓一个“用”字 大搞一个“群”字

掀起活学活用毛泽东思想群众运动新高潮
把全省办成紅彤彤的毛泽东思想大学校

省第二次活学活用毛泽东思想积极分子代表大会胜利閉幕
大会通过给毛主席的致敬电、致林副主席的决心书和大会倡議书
潘复生同志出席大会并致闭幕词
会上宣读了省革命委員会《关于向全省貧下中农贈发毛主席革命宝书的决定》

黑龙江日報

中国人民解放军的缔造者 伟大的统帅毛主席万岁！

黑龙江日報

纪念中国人民解放军建军四十周年
伟大的中国人民解放軍万岁！

1967年8月1日

i fliegt erstmals in einem
lugzeug. Er begleitet Pan
usheng und die Delegation
es Revolutionskomitees von
Ieilongjiang nach Peking, um
ber die Situation in der
'rovinz zu berichten (Foto:
'an Zhengmei). 25. März 1967

itelseiten des *Heilongjiang*
agblatts (linke Seite, im Uhr-
eigersinn von oben links): Am
. Januar 1968 lautet die Schlag-
eile: „Die letzten Anweisungen
es Vorsitzenden Mao", die
chriftzeichen in dem roten
Kästchen darunter: „Führt die
etzten Anweisungen unseres
roßen Führers, des Vorsitzenden
Iao, gewissenhaft aus und freut
uch auf den Sieg der Großen
'roletarischen Kulturrevolu-
ion." Am 7. April 1968 verkündet
ie Schlagzeile: „Die Sonne
rhellt jeden Winkel der Provinz
Ieilongjiang. Jedes rote Herz
vendet sich der roten Sonne zu.
Am 1. August 1968 feiert das Blatt
len Tag der Volksbefreiungsarmee
nit der vertikalen Schlagzeile:
„Lang lebe der Vorsitzende Mao,
ler Große Kommandant und
Gründer der chinesischen Volksbefreiungsarmee". Am 29. April
1968 ruft die Schlagzeile auf:
„Begeistert die Massen aufs Neue
lafür, die Werke des Vorsitzenden
Mao zu studieren und in die
Praxis umzusetzen. Gelobt,
unsere Provinz in eine große rote
Schule der Mao-Tse-tung-Ideen
zu verwandeln."

Am 10. Januar wurde das *Heilongjiang Tagblatt* von den Roten Garden des Instituts für Militärtechnik und von der Lehrerbildungsanstalt übernommen und geschlossen. Der laufende Betrieb wurde den stellvertretenden Chefredakteuren übergeben, die später denunziert werden sollten. Die Roten Garden, die nach einer Gruppe suchten, die sie bei der Zeitung vertreten könnte, entschieden sich letztendlich für die Rote-Rebellen-Liga – eine Gruppe, die von meinem Roten Jugend-Kampfteam geführt wurde. Sie hielten uns für jünger und unverdorbener als die anderen Gruppen.

Ursprünglich war mein Hauptmotiv für die Gründung einer Rebellengruppe mein Wunsch nach einer Armbinde gewesen – doch plötzlich fand ich mich an vorderster Front der Rebellion wieder. Unsere erste Aktion war die Produktion einer großen Wandzeitung, in der das *Tagblatt* in seiner bisherigen Form und sein Chefredakteur Zhao Yang als revisionistisch verurteilt wurden. Danach hielten wir Kritik-Versammlungen ab. Diese Versammlungen dienten der Säuberung der Zeitung von „bourgeoiser Gesinnung", die angeblich vor allem in den Künsten und Medien vorherrschte. Vor der Kulturrevolution besaß der Chefredakteur ein elegantes russisches Auto, einen Volga, mit Chauffeur; die stellvertretenden Redakteure teilten sich ein polnisches Auto, einen Warszawa, und besaßen alle große Häuser. Nach den Kritik-Versammlungen mussten sie in kleinere Häuser umziehen und so wie wir den Bus nehmen.

Diese Tribunale fanden in einem großen Konferenzraum des *Heilongjiang Tagblatts* statt. Dort half ich mit, jene Sitzung zu leiten, in der Zhao denunziert wurde, jener Mann, der mich auf- und abgehen ließ, bevor er mich anstellte. Später hörte ich, dass er meine Kritik-Versammlung anderen vorgezogen hätte, denn ich hätte mich zumindest an „die Anweisungen gehalten" – damit meinte er, dass es in meinen Versammlungen nicht zu Kämpfen und Schlägen kam, dass ich versuchte, Ruhe zu bewahren, wenn die Menge zu erregt wurde und forderte: „Kritisieren wir doch noch den oder den!" Die Gruppen, die die Arbeiter vertraten, waren weitaus skrupelloser. Die Drucker und Lastwagenfahrer, die zwei Drittel der Belegschaft der Zeitung ausmachten, zwangen die Köpfe der Angeklagten mit Gewalt nieder, während ich nur sagte: „Den Kopf senken." Was mit ein Grund war, dass meine Gruppe so rasch gestürzt wurde. Wir galten als zu konservativ, als eine Fraktion, „die den Kaiser schützte".

Die Gruppen trugen erbitterte Fehden untereinander aus. Eines Tages im Januar stürzte mein Zimmerkollege, der ebenfalls Mitglied unseres Kampfteams war, atemlos auf mich zu. „Die Arbeiter-Rebellengruppe hat die Redaktion gestürmt!", schrie er. „Sie attackieren den Redakteur der Kunstredaktion, Ru Weiran!"

Li (sitzend, Mitte) leitet am 19. Februar 1967 in den Räumlichkeiten des *Heilongjiang Tagblatts* in Harbin eine Kritikversammlung gegen den Anhänger der rivalisierenden Rebellengruppe Fan Changwu (stehend, links) (Foto: Wan Jiyao). Nicht einmal zwei Jahre später sollte Li im selben Konferenzraum ebenfalls kritisiert werden.

Als ich hinkam, sah ich Ru auf einem Stuhl stehen, den man auf einen Tisch gestellt hatte, sein Kopf stieß beinahe an die Decke. Die Arbeiter, angeführt von einem Mann mit Spitznamen „Roter Bart", hatten ein Seil um das Stuhlbein gelegt, mit dem sie ihn jeden Augenblick zum Sturz bringen konnten. Sein Verbrechen? Ru war auch ein bekannter Dichter. Die größtenteils nicht besonders gebildeten Arbeiter konnten seine Gedichte nicht wirklich verstehen und hielten sie für „reaktionär".

Ru blickte nach unten und entdeckte mich. „Zhensheng, rette mich", bat er demütig. Mir war klar, dass ich vorsichtig sein musste – wie konnte ich Ru davor bewahren, dass ihm das Genick gebrochen würde, ohne die erregten Arbeiter zu provozieren. Nach kurzer Überlegung fragte ich mit lauter Stimme: „Ru Weiran, gibst du zu, dass deine Gedichte reaktionär sind?" „Ja", murmelte er. „Ich kann dich nicht hören!", brüllte ich. Ich sah die Angst in Rus Augen. „Ru Weiran, komm herunter, damit die revolutionären Arbeiter dein Geständnis auch hören können!" „Ja!", antwortete er mit zitternder Stimme. „Ich gestehe!"

•

Am 31. Januar 1967 wurde in Heilongjiang als erster Provinz Chinas das Parteikomitee durch ein Revolutionskomitee ersetzt. Bei der Zeitung wurde eine sechsköpfige „Kommission des Revolutionskomitees" installiert. Sie bestand aus einem Fahrer, zwei studentischen Rotgardisten, zwei Redakteuren und mir. Ich wurde Personalleiter und stellvertretender Befehlshaber der Einheit für politische Angelegenheiten, erhielt ein Büro, einen Sekretär und das Siegel des Komitees.

In jenem April entsandte das Provinz-Revolutionskomitee vier Vertreter der VBA, der Volksbefreiungsarmee, zur Zeitung. Alles wurde militärisch organisiert: Die Redaktion wurde in „Plattform für redaktionelle Angelegenheiten" umbenannt, und einer der Vertreter der VBA wurde zum Vorsitzenden der ständigen Kommission gewählt.

Als Mitglied der Kommission versuchte ich meine Pflichten ohne Grausamkeit zu erfüllen. Eines Tages kam ein Mann namens Luo zu meiner Sekretärin und bat um eine schriftliche Bestätigung, dass er bei der Zeitung arbeitete, damit seine Frau einen Job bekäme. Luo war jedoch während der Kampagne gegen Rechtsabweichler 1957 zur Umerziehung durch harte Arbeit verurteilt worden. Meine Sekretärin hatte dies im Brief vermerkt. Als Luo das Schreiben las, kam er zu mir und beklagte sich, dass seine Frau mit einem solchen Brief nie Arbeit finden würde. So strich ich die Zeile einfach durch und bat meine Sekretärin, den Brief noch einmal zu schreiben. Ich will damit nicht sagen, dass ich ein besonders guter Mensch bin. Ich empfand einfach Mitleid. Ich gehörte einer Rebellenfraktion an, habe aber nie jemanden geschlagen. Dafür hat man mich geschlagen. Ich habe nie eine Hausdurchsuchung gemacht. Dafür hat man mein Haus durchsucht.

Wie alle anderen in dieser Zeit habe ich mich „verdächtiger" Besitztümer entledigt, etwa einer Ausgabe mit Liebesgedichten von Puschkin und eines Buches mit Gemälden von Xu Beihong, der in Frankreich studiert hatte und während der Kulturrevolution aufgrund seiner Aktbilder kritisiert wurde. Ich habe auch drei Briefmarken, die Werke von Goya zeigten, etwa *Die nackte Maya*, unter meinem Bett versteckt, außerdem einige alte Silbermünzen mit dem Porträt von Chiang Kai-shek und dem selbst ernannten Kaiser Yuan Shikai.

•

Die Menschen verlieben sich in politisch bewegten Perioden ebenso wie in normalen Zeiten. Meine Freundin von der Filmschule, Sun Peikui, hatte letztendlich beschlossen, doch nicht Schauspielerin zu werden, und besuchte nun eine andere Schule, um Chinesisch zu studieren. Nach ihrer Promotion wurde sie als Lehrerin an eine Hochschule am Stadtrand von Siping, einer Stadt in der Provinz Jilin, geschickt. Sie wurde sowohl von den Kommunal- als auch von den Provinzbehörden zur „Modell-Lehrerin" erklärt, und doch wurde während der Kulturrevolution ihre Mutter verurteilt, weil sie in der Familie eines Grundbesitzers aufgewachsen war, woraufhin sie Selbstmord beging. Menschen, die Selbstmord begingen – und während der Kulturrevolution waren es unzählige – wurde vorgeworfen, sich „vom Volk und der Partei entfremdet zu haben". Über Nacht hatte sich Peikuis Leben verändert. Auch sie wurde kritisiert und verurteilt. Sie wurde als Tochter eines „Hündischen Grundbesitzers" bezeichnet, als „Pseudo-Modell", das in die „Reihen der Lehrer eingedrungen" war, und wurde ge-

fotografiert seine Freundin
n Peikui in ihrer Wohnung in
ping, Provinz Jilin. Peikui
rlor ihre Stelle als Lehrerin,
chdem ihre Mutter, der man
rwarf, „aus der Familie eines
rundbesitzers abzustammen",
lbstmord begangen hatte.
Mai 1967

zwungen, „Studiensitzungen" zu besuchen, bei denen Ermittlungen über sie angestellt wurden und sie endlose Stunden mit dem Studium von Maos Werken verbringen musste. Ihr Zimmer im Heim für Alleinstehende war desolat, und sie wurde gezwungen, es mit einem ihr bekannten verheirateten Paar zu teilen, im selben Bett mit ihnen zu schlafen – auch dann, wenn sie Geschlechtsverkehr hatten.

Li in seinem Büro mit seiner zukünftigen Frau Zu Yingxia, einer Redakteurin, die Mitglied in Lis Rebellengruppe „Rotes Jugend-Kampfteam" war (mit Selbstauslöser aufgenommen). 20. August 1967

Ironischerweise war Sun Peikui ein Adoptivkind – das spielte aber keine Rolle. Ebenso wenig wie die Tatsache, dass ihre Mutter, die nach der Kulturrevolution rehabilitiert werden sollte, keineswegs aus der Familie eines Grundbesitzers kam. Im April kam Peikui nach Harbin. Weinend erzählte sie mir, was geschehen war. Sie meinte, sie könne mich nicht heiraten, weil ich ein Mitglied der Ständigen Kommission war und eine leuchtende Zukunft vor mir hätte und sie mir keine Probleme machen wolle. Als sie mich im Büro besuchte, fiel ihr Zu Yingxia auf, eine junge Redakteurin. Yingxia war klug und hübsch und eines der Gründungsmitglieder des Roten Jugend-Kampfteams. Peikui schlug vor, dass ich sie heiraten solle. „Lass uns im Wald leben", flehte ich sie an. „Wenn dein familiärer Hintergrund nicht zulässt, dass ich als Journalist arbeite, verzichte ich eben darauf. Wir lassen uns irgendwo in einer abgelegenen Bergregion nieder." Peikui wusste aber, dass das nicht gut gehen würde. Selbst dort würden uns die Leute nach dem *Hokou*, unserer behördlichen Registrierung, fragen und wissen wollen, wo wir herkamen.

Peikui ging, ohne sich zu verabschieden. Ich fand eine Nachricht von ihr in meinem Zimmer. „Weil ich dich liebe, will ich dich nicht zerstören", schrieb sie. „Ich möchte, dass wir uns trennen – ich möchte, dass du mich vergisst." Ich nahm den nächsten Zug nach Siping, wo sie lebte, und eilte zu ihrer Wohnung, um sie umzustimmen. Aber Peikui blieb hart. Zwei Monate später schickte sie mir einen Brief mit einem Foto von ihrer Hochzeit. Sie hatte einen Nachbarn aus ihrem Heimatdorf geheiratet. Er sah nicht besonders gut aus und war kaum größer als sie. Er arbeitete in Changchun in einer Automobilfabrik, und sie wurde nur deshalb seine Frau, damit ich jede Hoffnung auf sie aufgab. Sie habe „nur einen Mann geheiratet", schrieb sie, „keinen Geliebten". Yingxia und ich heirateten sechs Monate später, am 6. Januar 1968 – es war eine typisch revolutionäre Hochzeit. Es zeugte von schwarzem Humor, dass einige unserer Freunde uns Schilder um den Hals hängten, auf denen statt „Kapitalistischer Abweichler" oder „Schwarzes Element" zu lesen stand: „Bräutigam auf dem sozialistischen Weg" und „Braut auf dem sozialistischen Weg".

Es ergab sich, dass auch Yingxias Vater zehn Monate später Selbstmord beging. Er war Landarzt in der Klinik einer Kommune und bekannt für seine Kenntnisse traditioneller

Medizin, wurde aber als „reaktionäre akademische Autorität“ denunziert. Eines Nachts stellten ihn Rebellen so lange vor einen Kohleofen, bis er schweißüberströmt war, dann zwangen sie ihn, seine Unterwäsche auszuziehen und schickten ihn hinaus in den Schnee, bis er fast erfroren war. Am nächsten Tag erhängte er sich.

Als Yingxia davon erfuhr, brach sie in Tränen aus. Doch ihr blieb keine Zeit zu trauern. Sie wusch sich das Gesicht und erstattete mit verschwollenen Augen dem Propaganda-Team der Zeitung Bericht. „Mein Vater hat die Kulturrevolution verraten“, sagte sie. „Ich möchte mich von ihm distanzieren.“ Dennoch wurde Yingxia später – wie Peikui – als „politisch unzuverlässig“ eingestuft und gezwungen, Studiensitzungen zu besuchen.

Drei Monate nach unserer Hochzeit, am 5. April 1968, fotografierte ich die Hinrichtung von sieben Männern und einer Frau. Sechs davon – darunter eine Frau und ihr Liebhaber, die gemeinsam den Ehemann ermordet hatten – waren „gewöhnliche“ Kriminelle. Die anderen beiden Männer waren Techniker der Stromzähler-Fabrik von Harbin, die ein Flugblatt mit dem Titel „Blick Richtung Norden“ publiziert hatten, das die Behörden als „den Norden des sowjetischen Revisionismus“ interpretierten. Sie wurden als Konterrevolutionäre verurteilt. Einer der Verurteilten, ein Mann namens Wu Bingyuan, schaute, als er das Urteil vernahm, zum Himmel hoch und rief: „Diese Welt ist zu dunkel.“ Dann schloss er die Augen, um sie nie wieder zu öffnen. Alle acht wurden paarweise auf Pritschenwagen gestellt und durch die Stadt, dann aufs Land nordwestlich von Harbin gefahren. Dort, auf dem trostlosen Gelände des Huang Shan-Friedhofs, mussten sie sich in Reih und Glied aufstellen, man band ihre Hände auf dem Rücken zusammen und zwang sie niederzuknien. Mit einem Schuss in den Hinterkopf wurden sie anschließend hingerichtet.

is Hochzeitsfeier in einem onferenzraum des *Heilongjiang agblatts*. Seine Kollegen hängen en Jungvermählten scherzhaft childer um den Hals, die an ne der Kritikversammlungen rinnern: „Bräutigam auf dem ozialistischen Weg“ und „Braut uf dem sozialistischen Weg“ 'oto: Liu Qixiang). 6. Januar 1968

政策和策略是党的
生命，各级领导同志务
新郎
新娘

Li in seinem Büro mit seiner Rolleiflex (mit einer anderen Mittelformatkamera und Selbstauslöser aufgenommen). 17. Juli 1967

Niemand forderte mich auf, Nahaufnahmen der Leichen zu machen, ich tat es aus einem Impuls heraus, und da ich nur ein 35 mm-Weitwinkel-Objektiv hatte, musste ich sehr nahe an sie heran, so nahe, dass ich den Geruch ihres Bluts und ihrer Gehirnmasse riechen konnte. In den nächsten sechs Monaten gingen mir ihre Gesichter nicht mehr aus dem Kopf. Yingxia und ich hatten damals noch immer keine Wohnung und waren voneinander getrennt im Wohnheim untergebracht. Die Toilette befand sich am Ende eines langen Korridors, und wenn ich nachts aufwachte, um zur Toilette zu gehen, bewegte ich mich mit geschlossenen Augen, bemüht, nicht gegen die Schuhe und kleinen Öfen vor den Türen beiderseits des Ganges zu stoßen und an die Toten zu denken.

Als ich die Fotografien der Hingerichteten im matten roten Licht der Dunkelkammer vergrößerte, sprach ich leise zu ihnen: „Wenn ich den Frieden eurer Seelen stören sollte, bitte stört den meinen nicht. Ich versuche nur zu helfen. Ich fotografiere euch, weil ich Geschichte dokumentieren will. Ich möchte, dass die Menschen wissen, dass ihr hingerichtet wurdet.“ Bis zum heutigen Tag – sogar als ich die Bilder für dieses Buch in New York druckte – spreche ich mit ihnen.

1966–1968

Nach tagelangem Warten auf Mao jubelt die Menge und schwenkt die Roten Bücher, als er in seinem Jeep am Tiananmen-Platz vorbeifährt. Mao steht hinter dem Fahrer, auf dem Rücksitz sein Leibarzt Li Zhisui, links von Mao General Yang Chengwu und neben dem Fahrer Maos Leibwächter Wang Dongxing.

Peking, 18. Oktober 1966

Im Herbst 1966 war Mao für die meisten Chinesen bereits einem Gott gleich. In populären Liedern wie „Die Sonne im Osten“ und den Leitartikeln der Zeitungen wurden seine unermesslichen Qualitäten gerühmt, Millionen von Menschen aus allen Landesteilen reisten – teilweise zu Fuß – in die Hauptstadt Peking, um den Großen Steuermann zu sehen. Maos Überhöhung ins Übermenschliche war umso erstaunlicher, als seine Massenbewegung – der Große Sprung nach vorn – für den Hungertod von mehr als zwanzig Millionen Menschen verantwortlich war.

Diese uneingeschränkte Kontrolle über das Land gelang Mao durch eine Propagandakampagne von noch nie da gewesenem Ausmaß. Der Mao-Kult – sorgfältig koordiniert von seinem Stellvertreter Marschall Lin Biao, dem Initiator des Roten Buchs, sowie Maos Frau Jiang Qing, die alle Bereiche der Kultur und der Medien beherrschte – brachte die „höchsten Anweisungen“ des Großen Führers auf die Wände jeder Fabrik und jeder Zeitungsseite und sein Porträt auf Postern, Abzeichen, Stoffen und Geschirr in jede Wohnung. Zwei scheinbar widersprüchliche Aspekte verstärkten diesen Kult noch – Mao war gleichzeitig omnipräsent (im Bild) und unerreichbar (in persona). Mit Ausnahme jener, die einen von Maos acht Auftritten vor den Roten Garden am Tiananmen-Platz zwischen August und November 1966 miterlebten, haben ihn nur wenige Chinesen je leibhaftig gesehen. Und obwohl sich die Ideen Mao Tse-tungs zum allgegenwärtigen offiziellen Ausdruck chinesischen Denkens entwickelten und alle anderen Schriften ersetzten, die nun größtenteils verboten waren, konnte fast ein Drittel aller Chinesen sie nicht lesen.

Das Ziel war, Mao zum mächtigsten Mann des Planeten zu machen, zum Marionettenspieler, der die Fäden des auf Zerstörung und Angst basierenden Stücks in der Hand hatte, einer Angst, gegen die nur er immun war. Schulen wurden geschlossen und die Industrieproduktion stagnierte, als sich die Rebellen gegen Kapitalisten, religiöse Führer, die Presse, die lokale Parteiführung etc. wandten. Im Sommer 1967 hatte die Gewalt ihren Höhepunkt erreicht. Rote Garden nahmen Hausdurchsuchungen vor, plünderten Bibliotheken und führten Verhöre durch – Millionen Menschen wurden getötet, gefoltert oder begingen Selbstmord, bevor Mao schließlich die VBA (Volksbefreiungsarmee) einsetzte, um das Land vor dem totalen Chaos zu bewahren.

Peking, 18. Oktober 1966

der Kolonne hinter Maos Jeep
nd sein Nachfolger, der stell-
ertretende Vorsitzende Marschall
n Biao (oben), Premier Tschou
n-lai (Mitte) und Maos Frau
ang Qing (unten) zu sehen.

Shi Shouyun, eine eifrige Rotgardistin im Teenageralter, trägt in ihr Rotes Buch die exakte Uhrzeit ihrer „Begegnung“ mit dem Vorsitzenden Mao ein, der mit seinem Jeep in der Nähe des Tiananmen-Platzes vorbeifuhr.

Peking, 18. Oktober 1966

Nationale Konferenzen wie jene zur „Schulung und Anwendung von Mao-Tse-tung-Ideen“ im Arbeiterstadion von Peking (unten) waren eine verbreitete Methode, um Maos Ideen zu propagieren. Die in Massenproduktion hergestellten Mao-Porträts, die bei der nationalen Konferenz zur Schau gestellt wurden, sind identisch mit jenem, das ein Bauer aus dem Bezirk Acheng seinen Nachbarn zeigt (rechte Seite).

Peking, 21. Oktober 1966, Bezirk Acheng, Provinz Heilongjiang, 2. November 1966

民服务

反党分子
陈雷
反党分子
反党分子
李范五

Harbin, Provinz Heilongjiang, 9. November–10. Dezember 1966

毛主席语录
下定决心，不怕牺牲，
排除万难，去争取胜利。
《愚公移山》
毛主席语录
我们应该谦虚、谨慎、
戒骄、戒躁，全心全意地为
中国人民服务，……
毕业证书

Im Arbeiterklub von Harbin werden die Parteisekretäre Chen Lei, Wang Yilun und Li Fanwu (linke Seite, von links nach rechts) gezwungen, während einer Kritikversammlung überdimensionale Papierhüte zu tragen. Im Bezirk Binjiang dekoriert ein jungverheiratetes Paar sein Schlafzimmer mit Bildern und Zitaten von Mao (oben). Als sie später kritisiert wurden, weil sie sich vor den Augen ihres Führers geliebt hätten, versicherten sie, sie hätten zuvor stets das Licht ausgemacht.

Nachdem sie zahlreiche Parteiführer, Intellektuelle und andere „Dämonen und Monster" gestürzt hatten, wandten sich Anfang 1967 Zehntausende von Rotgardisten und Rebellengruppen, deren destruktives Potenzial Mao für die Revolution genutzt hatte, gegeneinander. Die internen Machtkämpfe, die folgten, führten zu einer der gewalttätigsten Episoden der Kulturrevolution, in der sich die rivalisierenden Gruppen bewaffneten, in erbitterten Kämpfen aufeinander trafen und Gefangene nahmen – all dies im Kampf um die Macht und das Prestige, als „wahre" Revolutionäre anerkannt zu werden.

Im Allgemeinen hatten die verschiedenen Fraktionen ähnliche Ideologien: uneingeschränkte Unterstützung von Mao und die Bereitschaft „im Kampf zu sterben". Die Konflikte in den Stoßtruppen des Vorsitzenden wurden über Klassenzugehörigkeit und familiären Hintergrund ausgetragen, ein weiterer Riss tat sich zwischen jenen auf, die die umgestaltete Parteiführung bewahren wollten und jenen, die sämtliche Machtstrukturen zerstören wollten. Dieser Konflikt zwischen „Radikalen" und „Kaiser-Beschützern" wurde an Universitäten und Arbeitsplätzen des ganzen Landes ausgetragen. Mao schrieb ein Jahr später: „Außer in den Wüsten gibt es überall, wo Menschen leben, die Linke, das Zentrum und die Rechte. Das wird auch in tausend Jahren noch so sein."

Auf den Stufen des Nord-Plaza-Hotels in Harbin, das Austragungsort für Kritikversammlungen und Massenkundgebungen der Roten Garden war, zwingt eine Rebellengruppe, die Führer einer rivalisierenden Gruppe niederzuknien und sich einer Kritik zu unterziehen.

Harbin, 17. Januar 1967

三个五年计划

Harbin, 18.–19. Januar 1967

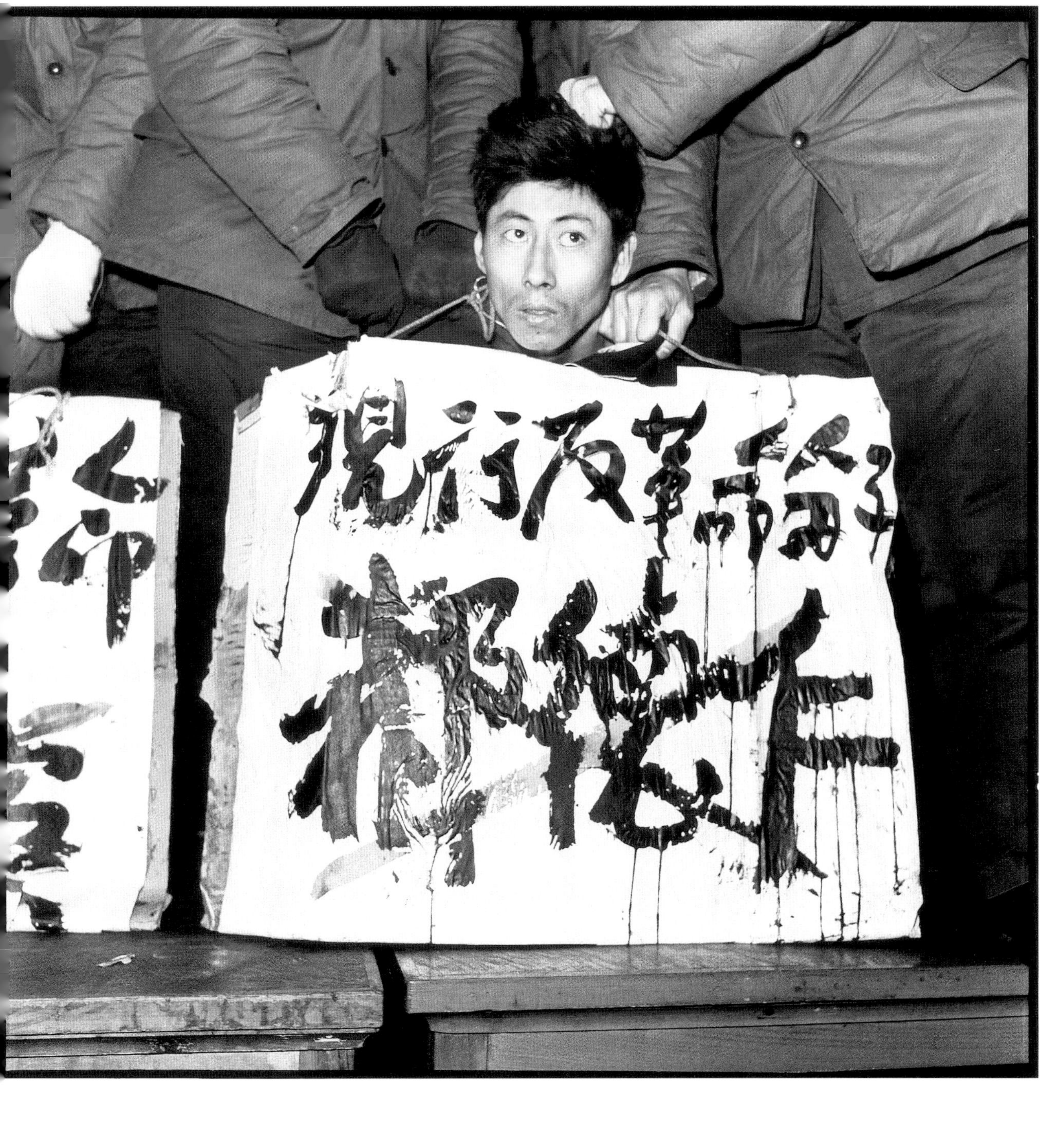
現行反革命分子

Zwei Führer einer Rebellengruppe werden vor das Nord-Plaza-Hotel geführt, wo man sie zwingt, während einer öffentlichen Denunziation niederzuknien (linke Seite). Am folgenden Tag sollte am selben Ort Hao Deren denunziert werden, den man beschuldigte, eine bewaffnete Gruppe, eine so genannte Armee der Roten Fahne von China, gegründet zu haben.

Harbin, 31. Januar–2. Februar 1967

ilongjiang war die erste von Chinas 29 Provinzen, in der am . Januar 1967 die Regierung und das Parteikomitee durch ein ues Revolutionskomitee ersetzt wurden. Bald sollten die übrigen ovinzen diesem Beispiel folgen. Ob auf den höchsten Regiengsebenen in Peking oder in den Produktionsbrigaden auf dem nd, überall wurde die alte Garde entmachtet. Nachdem Mao ıfgrund der Anarchie die volle Kontrolle über die Regierung und n Parteiapparat erlangt hatte, vergewisserte er sich, dass die ıarchie kontrollierbar und der Parteiapparat geschützt war. Dazu ündete er die „Dreierallianz", in der die Macht auf die Revolutiıskomitees, die nun das Land regierten, die Rebellen, die revoluınären Kader und vor allem die VBA (Volksbefreiungsarmee) aufteilt wurde. Die Armee, deren Einfluss gewachsen war, seitdem r denunzierte Präsident Liu Shaoqi durch den Armeekommananten Lin Biao ersetzt worden war, erhielt die wichtigsten Sitze im euen Komitee.

ie Gründung des Revolutionsomitees von Heilongjiang am 1. Januar wird mit einer Massenundgebung gefeiert, die von en Rebellengruppen organisiert urde, (linke Seite). Drei Tage päter marschieren Soldaten der olksbefreiungsarmee ein, um ie Rebellengruppen zu unterützen und die Machtorgane auf rovinzebene zu stürzen (rechts).

毛泽东思想

Harbin 7.–16. Februar 1967

‧e Gruppe „Kleiner Roter Garden“ ‧wundert die neue vierbändige ‧sgabe der *Ausgewählten Werke ‧n Mao Tse-tung* und die *Worte ‧s Vorsitzenden Mao Tse-tung*. ‧e Knaben waren zu Fuß aus dem ‧0 km entfernten Bezirk Baoqing ‧kommen und warteten die ganze ‧cht vor einer Buchhandlung, ‧ die Neuausgaben erstehen zu ‧nnen (linke Seite). Eine große ‧nschenmenge versammelt sich ‧d jubelt, als Rebellengruppen und ‧ldaten der Volksbefreiungsarmee ‧f dem Rote-Garden-Platz das ‧hild der Stadtregierung von ‧rbin zerstören und verbrennen.

黑龙江省哈尔滨市人民委员会

Zwei Wochen nach der Machtübernahme in Harbin marschieren Rebellen und die Volksbefreiungsarmee durch die Straßen, um Mao und die Revolution zu feiern (unten). Pan Fusheng und Fan Zhenmei (rechte Seite, rechts und links), der Leiter und stellvertretende Leiter des Revolutionskomitees von Heilongjiang, fliegen von Harbin nach Peking, um über die Situation in der Provinz zu berichten.

人民公社万岁！

Harbin, 16. Februar–5. März 1967

东风

Harbin, 27. April 1967

Eine große Menschenmenge versammelt sich vor dem Nord-Plaza-Hotel, um der öffentlichen Kritik an den früheren Parteisekretären des Heilongjiang-Komitees beizuwohnen (linke Seite und rechte Seite unten). Li Fanwu, Wang Yilun und Ren Zhongyi (unten, von links nach rechts) werden mit Schildern um den Hals zur Bühne eskortiert.

热烈欢
李范五

1967 wurden ehemalige Parteifunktionäre im Rahmen der Kampagne gegen „Schwarze Elemente" zu begehrten Schauobjekten bei öffentlichen Tribunalen. Der „schwärzeste" von allen war in jenem Frühjahr Liu Shaoqi. Die öffentliche Kampagne gegen Liu, der offiziell noch Staatsoberhaupt war, begann im April mit einem Leitartikel in der *Volkszeitung*, den Mao selbst geschrieben hatte, und in dem er den Präsidenten als „obersten Machthaber der Partei, der den kapitalistischen Weg geht" verunglimpfte. Lius Haus in Peking wurde durchsucht und seine Frau vor Tausenden von Roten Garden an der Qinghua-Universität in Peking gedemütigt, indem man sie zwang, mit hohen Absätzen, einem aufreizenden Seidenkleid und einer Halskette aus Pingpong-Bällen auf das Podium zu steigen.

In ganz China wurden Massenversammlungen abgehalten, in denen der einst verehrte Führer angeprangert wurde. Die Kampagne erreichte am 18. Juli ihren Höhepunkt, als der 70-jährige Liu und seine Frau äußerst grob behandelt wurden und während einer Kritiksitzung im Regierungsviertel Zhongnanhai zwei Stunden vornübergebeugt stehen mussten. Nach einer weiteren Kritiksitzung wenige Wochen später wurde Liu Shaoqi des Amtes enthoben.

Im folgenden Jahr stand er unter Hausarrest. Als die Partei ihn im Sommer darauf schließlich offiziell als „Renegat, Verräter und Lakai des Imperialismus" stürzte, war das ehemalige Staatsoberhaupt, das an Lungenentzündung litt, bereits ans Bett gefesselt, er konnte nicht mehr sprechen und wurde intravenös ernährt. Im Oktober 1969 wurde er nach Kaifang in der Provinz Henan verlegt und in einem unbeheizten Gebäude untergebracht. Er verweigerte die Hospitalisierung und starb am 12. November.

Die sieben Sekretäre des Parteikomitees von Heilonjiang werden beschuldigt, „Liu Shaoqis revisionistischer Linie zu folgen" und gezwungen, auf Stühlen vor dem Nord-Plaza-Hotel zu stehen.

Harbin, 27. April, 1967

走资本主义道路的当
五大会
打倒
反革命修正主义份子

Wang Yilun

资本主义道路的当
五大会
打倒
反革命
修正主义份子

Chen Lei

Harbin, 27. April 1967

最大走资本主义道路的
打倒李范五!!
反革命修正主义
李范五

Li Fanwu

Die sieben Sekretäre des Provinzparteikomitees Li Fanwu, Wang Yilun, Chen Lei, Ren Zhongyi (auf beiden Fotografien zu sehen), Li Jianbai, Li Rui und Tan Yunhe (von links nach rechts) werden von den Roten Garden vor dem Nord-Plaza-Hotel denunziert. Jeder von ihnen trägt ein Schild um den Hals, auf dem sein durchgestrichener Name und das vermeintliche Verbrechen festgehalten sind.

大走资本主义道路的当权派李范五大会
反革命修正主义份子
李范五
反革命修正主义份子
王一伦
反革命
修正主义份子
陈雷
反革命修正主义份子
任仲夷

Harbin, 27. April 1967

大走资本主义道路的当权派李奚五大会
反革命修正主义份子

反革命修正主义份子

Li Rui

反革命修正主义份子

Tan Yunhe

主义道路的当权派
会
打倒
反革命修正主义份子
任仲夷

Ren Zhongyi

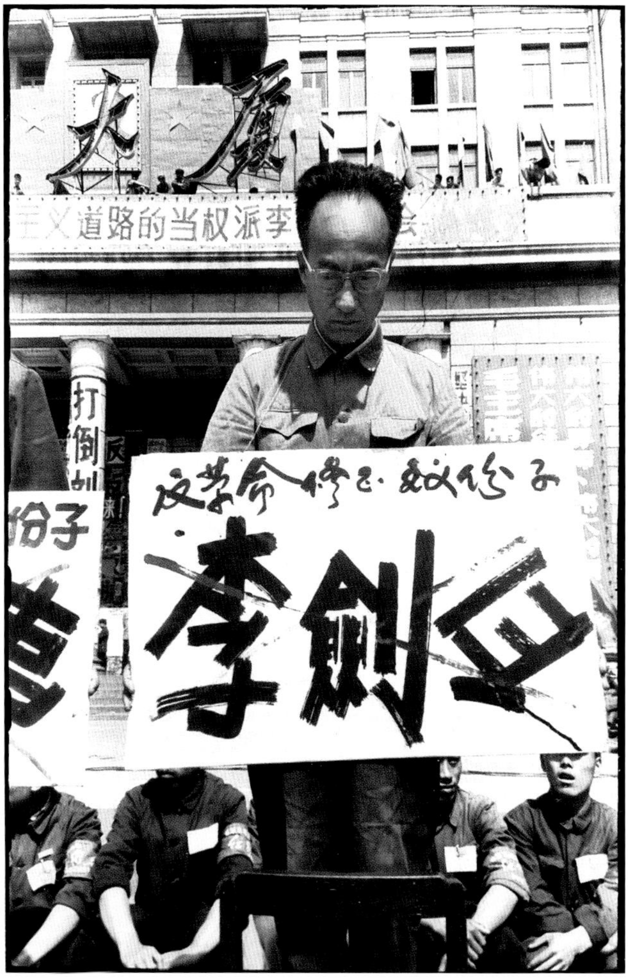
主义道路的当权派李
打倒
份子
李劍白

Li Jianbai

Zwei Rebellenfraktionen kämpfen vor dem Hauptquartier des Revolutionskomitees von Heilongjiang um die Kontrolle über einen Sendebus des Rundfunks.

广大红色造反者
我们不予承认

Harbin, 5. Juni 1967

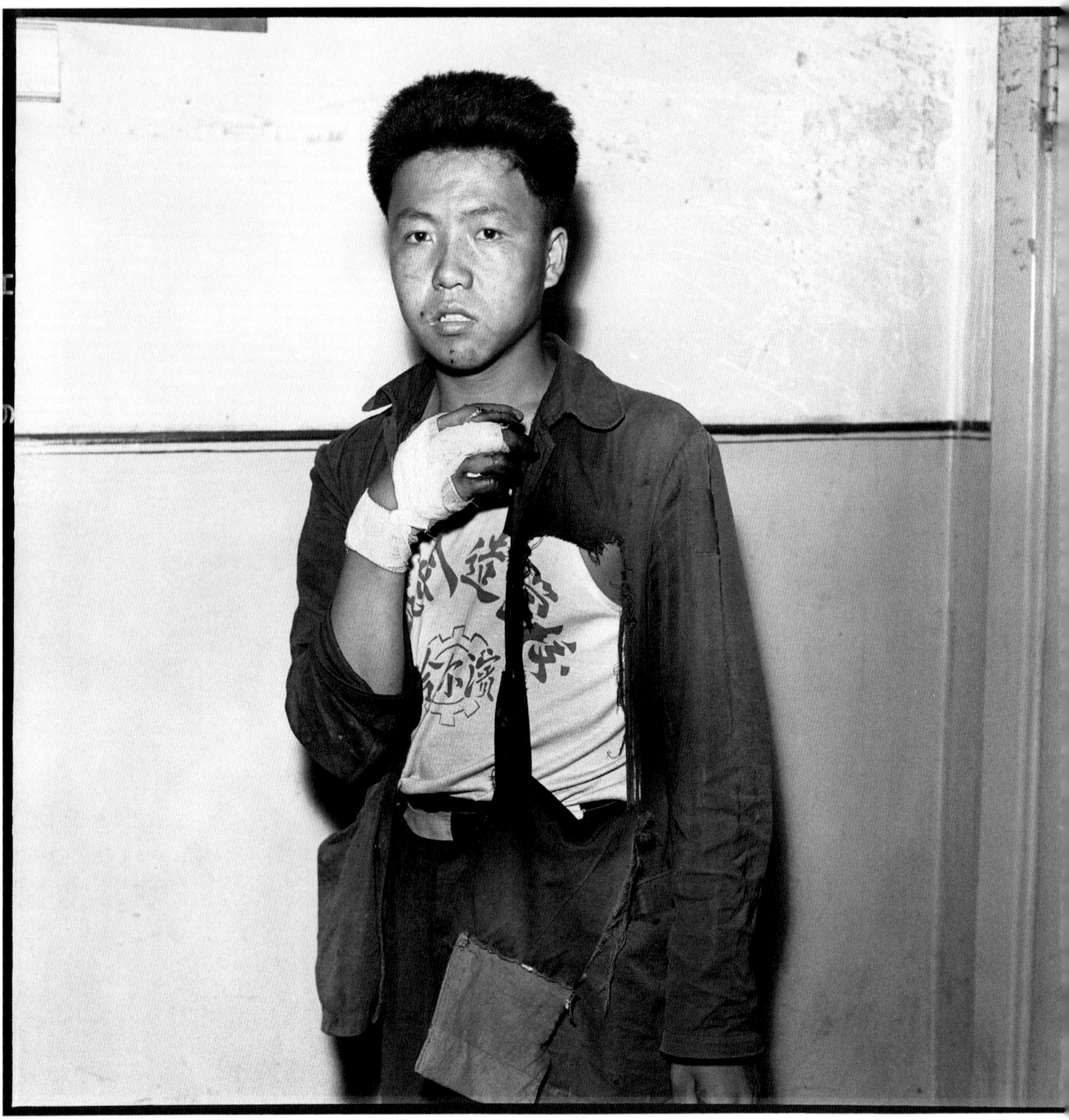

Harbin, 9. Juni 1967

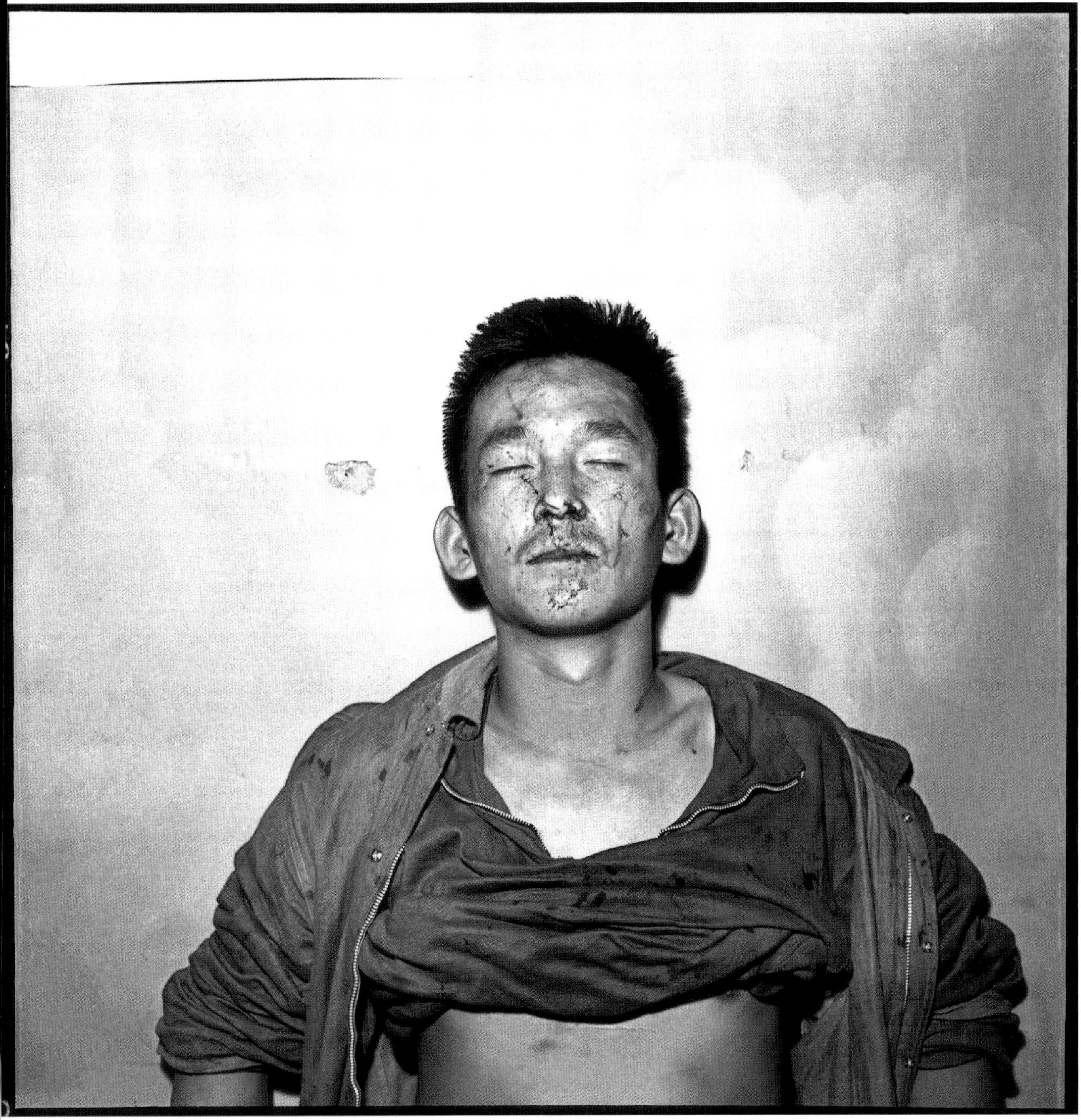

Die Auseinandersetzungen zwischen den Rebellenfraktionen eskalierten häufig. Diese beiden Opfer wurden vier Tage nach dem Zusammenstoß um die Kontrolle eines Rundfunkbusses fotografiert, bei dem es Tote und lebensgefährlich Verletzte, wie den jungen Mann auf dem rechten Foto, gab.

热烈欢
呼：我国第
一颗氢弹
爆炸成功！

Harbin, 17. Juni 1967

n Abend nach Chinas erstem
folgreichen Wasserstoffbomben-
st versammelten sich die
enschen auf den Straßen, von
ationalstolz erfüllt. Auf dem
lbst gemachten Plakat ist zu
sen: „Wir freuen uns über die
ste erfolgreiche Wasserstoff-
mbenexplosion."

Im Oktober 1964, in den ersten Tagen der Sozialistischen Erziehungsbewegung, führte China den ersten erfolgreichen Atombombentest durch. Die ohne Hilfe der Sowjetunion entwickelte Bombe – ein Punkt, der zu einer weiteren Verschlechterung der chinesisch-sowjetischen Beziehungen beitrug – erhielt den Decknamen „596", eine Bezugnahme auf den Juni 1956, als der sowjetische Ministerpräsident Nikita Chruschtschow seine Entscheidung revidiert hatte, der chinesischen Regierung einen Prototyp zu überlassen.

Drei Jahre später gelang es chinesischen Wissenschaftlern, trotz des Chaos der Kulturrevolution die erste Wasserstoffbombe zu bauen. Mao hatte das streng geheim gehaltene Programm sorgsam aus der allgemeinen Unordnung herausgehalten. Einmal während dieser Zeit drohten Einheiten der Roten Garden, unter ihnen auch Maos Neffe Yuanxin, eine geheime Forschungsanlage in der Provinz Liaoning im Nordosten Chinas zu stürmen. Sie wurden jedoch sofort mit Gewalt zurückgeschlagen. Die Notwendigkeit, den Zugang zur Bombe zu kontrollieren, offenbarte die Gefahren eines überzogenen revolutionären Eifers wie auch die Schwierigkeiten, die Maos frühes Credo „den Massen zu vertrauen" barg.

打倒

Harbin, 28. Juni 1967

Das Bauinstitut von Harbin wird
bei einem Kampf zwischen
Rebellengruppen zerstört. Nur
Taschenbücher liegen noch auf
dem Boden der Bibliothek (oben),
alle Hardcover-Bände waren von
den rivalisierenden Gruppen als
Wurfgeschosse eingesetzt worden.

彻底批判中
修正主义的

Bezirk Bayan, Provinz Heilongjiang, 8. Juli 1967

批判中国赫鲁晓夫
主义的经营路线!

'ie im ganzen Land die Roten
iarden, betonen auch die Fischer
n den Ufern des Songhua außer-
alb von Harbin mit einem Banner
nd mit Porträts ihre Hingabe an
lao und prangern „Liu Shaoqis
evisionistische Linie“ an.

锻炼身体 保卫

Harbin, 16. Juli 1967

毛主席万寿无疆！

Die im Songhua schwimmenden Menschen feiern den Jahrestag von Maos Schwimm-Aktion im Yangzi, die seine Rückkehr an die Macht und den Ausbruch der Kulturrevolution markierte.

Provinz Heilongjiang, Juli 1967

nder der Grundschule des Bezirks
ılan, die zu einer Studiensitzung
n Maos Schriften unterwegs
nd, lesen das Rote Buch. Auf
r Schärpe des Jungen ist zu
sen: „Die Rebellion ist berechtigt.“
3. Juli, linke Seite). In einer Textil-
brik in Jiamusi erinnert ein Plakat
e Arbeiter an ihre Pflichten: „Die
erste Weisung des Vorsitzenden
ao lernen, durchführen und pro-
gieren. Die Rebellion ist berech-
t.“ (25. Juli, unten rechts). Im
ektrizitätswerk von Harbin wird
n kleiner Junge als Musterschüler
i der Ersten Provinzkonferenz
m Studium und der Anwendung
r Mao-Tse-tung-Ideen (28. Juli,
chts) vorgeführt.

热烈欢迎省毛

向刘英俊学习
学习最高指示
执行最高指示
宣传最高指示
捍卫最高指示

Zhang Chunyu, Mitglied der Volksbefreiungsarmee, spricht zur Menge, die sich vor dem Nord-Plaza-Hotel versammelt hat, um den Jahrestag von Mao Tse-tungs Wandzeitung „Bombardiert das Hauptquartier" zu feiern, die den Angriff des Vorsitzenden auf das Partei-Establishment zu Beginn der Kulturrevolution eröffnete. Auf dem Banner ist zu lesen: „Nieder mit Liu Shaoqi und Deng Xiaoping" (unten). Die Roten Garden verfassen an der Universität der Industrie in Harbin große Wandzeitungen, auf denen zu lesen ist: „Übt revolutionäre Kritik" und „Kritisiert Chinas Nikita Chruschtschow – Liu Shaoqi" (rechte Seite).

打倒邓小平!

掀起革命大批
毛泽东思想宣传栏
第六期
哈工大新曙光基础课分团 4/9

紧跟毛主席的伟大战略部署紧紧掌
毛主席指示
林付主席指示

Harbin, 4. September 1967

掌握革命斗争的大方向
七亿人民都来做批判家

Die Roten Garden bringen an der Universität der Industrie in Harbin große Wandzeitungen mit folgendem Inhalt an: „Folgt der großen Strategie des Vorsitzenden Mao und geht den Weg des revolutionären Kampfes."

Arme und untere Mittelbauern halten eine Versammlung im Nord-Plaza-Hotel ab. Über dem Sprecher ist ein Banner mit folgender Aufschrift zu sehen: „Kritisiert die alten Zeiten und preist die neue Gesellschaft!“

不忘阶级
忆

Harbin, 5. April 1968

思甜大会
牢记血泪仇

合謀杀人犯
崔凤云
判处死刑 立即执行
合謀杀人犯
关景賢
判处死刑 立即执行

Harbin, 5. April 1968

Nach einem öffentlichen Prozess werden sieben Männer und eine Frau in offenen Pritschenwagen von Harbin auf den Friedhof Huang Shan am Stadtrand transportiert. Unter den Verbrechern und „Konterrevolutionären“ befindet sich auch das Liebespaar Cui Fengyuan (links) und Guan Jingxian (rechts), das gemeinsam den Ehemann der Frau getötet hatte.

1968 machte Maos Revolutionsformel der „Umgestaltung durch Kampf-Kritik“ auch vor der Todesstrafe nicht mehr Halt. Am 5. April 1968 führte die Miliz, die dem Revolutionskomitee von Heilongjiang unterstand, während des traditionellen Festes *Qingming,* das zu Ehren verstorbener Ahnen gefeiert wird, sieben Männer und eine Frau ab. Sechs davon – darunter eine Frau und ihr Geliebter, die gemeinsam ihren Ehemann ermordet hatten – waren gewöhnliche Kriminelle. Die anderen beiden wurden als „Konterrevolutionäre“ verurteilt. Techniker einer Fabrik für Stromzähler in Harbin wurden für schuldig befunden, einen Flugzettel mit dem Titel „Blick nach Norden“ publiziert zu haben. Dies wurde vom Revolutionskomitee der Provinz als Bezugnahme auf Chinas nördlichen Nachbarn, die Sowjetunion, und daher als eine Förderung des sowjetisch inspirierten Revisionismus interpretiert – sie wurden beide zum Tode verurteilt.

Nach dem Urteilsspruch hob einer der Verurteilten namens Wu Bingyuan den Kopf und rief: „Diese Welt ist zu dunkel.“ Dann schloss er die Augen, um sie nie wieder zu öffnen. Mit auf dem Rücken gefesselten Händen und Schildern um den Hals, auf denen ihre vermeintlichen Verbrechen standen, wurden die acht verurteilten Gefangenen auf Pritschenwagen gebracht und durch die von Menschen gesäumten Straßen von Harbin gefahren, bevor man sie auf ein staubiges Stück Land neben dem Friedhof Huang Shan am Nordrand der Stadt brachte. Dort mussten Wu und die anderen Sieben ein Stück gehen, bevor man sie in einer Reihe niederknien ließ und erschoss.

张良富
李文业

Harbin und Stadtrand von Harbin, 5. April 1968

chdem man sie durch die von
r Menschenmenge gesäumten
raßen von Harbin (linke Seite)
führt hatte, werden die Verurteil-
n zum Stadtrand gebracht. Die
onterrevolutionäre" Wu Bingyuan
it geschlossenen Augen) und
ang Yongzeng tragen Schilder um
n Hals, auf denen ihr Name und
s ihnen angelastete Verbrechen
lesen sind (unten).

反革命集团主犯
王永增
判处死刑 立即执行
反革命集团主犯
巫炳沅
判处死刑 立即执行

流氓轮奸,强抢集团主
李文业
判处死刑 立即执
流氓轮奸,强抢集团主
张良富
判处死刑 立即执行
合謀杀人犯
崔凤云
判处死刑 立即执行
合謀杀人犯
关景賢
处死刑 立即执行
杀人犯
程金海
判处死刑 立即执行

Stadtrand von Harbin, 5. April 1968

反革命集团主犯
王永增
判处死刑 立即执行
反革命集团主犯
判处死刑 立即执行

Die Angeklagten Li Wenye, Zhang Liangfu, Cui Fengyuan, Guan Jingxian, Cheng Jinhai, Sun Fengwen, Wang Yongzeng und Wu Bingyuan (von links nach rechts) stehen in einer Reihe mit dem Rücken zur Menge, die sich versammelt hat, um die Urteilsvollstreckung mitzuerleben.

Die acht Rechtsbrecher und Konte
revolutionäre werden gezwungen, sich auf den Boden zu knien. Unmittelbar vor ihrer Hinrichtung versucht ein Gardist, das ebenfalls zum Tode verurteilte Liebespaar Cui Fengyuan und Guan Jingxian voneinander zu trennen (links).

Nähere Umgebung von Harbin, 5. April 1968

Nähere Umgebung von Harbin, 5. April 1968

IV. „REVOLUTION IST KEIN PARTYSPASS“

伟大领袖毛主席同他的亲密战友林彪同志，在天安门城楼上检阅游行队伍。

首都国庆摄影报道组摄（新华社传真照片）

毛主席最新指示

广大干部下放劳动，这对干部是一种重新学习的极好机会，除老弱病残者外都应这样做。在职干部也应分批下放劳动。

黑龙江日報

黑龙江省革命委员会
机关报
1968年10月5日
星期六
第627号
夏历戊申年八月十四
（今日六版）

IV.

1968 drehte sich der Wind der Politik, was mir zum Verhängnis werden sollte. Es war die Zeit, in der ultralinke Kräfte, wie der stellvertretende Parteivorsitzende Lin Biao und Maos Frau Jiang Qing, sich in der Partei durchsetzten. Die Fraktion der Moderaten wurde aus dem neu organisierten Zentralkomitee ausgeschlossen. Liu Shaoqi und Deng Xiaoping wurden als „bourgeoises Hauptquartier" verurteilt. Die Roten Garden hatten Machtkämpfe, geschlossene Schulen und Betriebe hinterlassen – ein völliges Chaos. Nun übernahmen unter Maos nationaler „Dreier-Allianz" Teams aus Rebellenführern, alten Kadern und Vertretern der VBA landesweit die Macht in den neuen Revolutionskomitees und bekräftigten die Vormachtstellung der Partei.

Pan Fusheng, der Vorsitzende des Revolutionskomitees und erste Mann der Provinz Heilongjiang, war entschlossen, eine ultralinke Linie durchzusetzen. Er entsandte fünf Kader zum *Heilongjiang Tagblatt*. Die Ständige Kommission des Revolutionskomitees der Zeitung, der auch ich angehörte, wurde von sechs auf neun Mitglieder erweitert, und eines der neuen Mitglieder war ein Beauftragter des Revolutionskomitees der Provinz, ein Kader namens Nie Gang.

Ich war nicht gegen die Politik der „Dreier-Allianz", hatte aber Vorbehalte. Die Zeitung ging gut, und diese „außen stehenden Kader" hatten keine journalistischen Kompetenzen aufzuweisen. „Das Provinz-Revolutionskomitee soll niemanden mehr zur Zeitung schicken", sagte ich anlässlich eines Treffens der Ständigen Kommission. „Wir können unsere neue Zeitung selbst leiten."

Nie machte sich Notizen – Notizen, die mich zu Fall bringen sollten. Im April bekamen mehrere Studentenrebellen und Kader, die bei der Zeitung Fuß fassen wollten, diese Anmerkungen in die Hand und begannen, Kommissionsmitglieder zu kritisieren, die bei dem vermeintlichen „Angriff auf das Parteikomitee der Provinz" – die Partei – an meiner Seite gewesen waren. Noch nannte zwar niemand meinen Namen, doch war es damals eine übliche Taktik, „auf den Johannisbrotbaum zu zeigen, wenn der Maulbeerbaum gemeint war", und ich wusste, es war nur eine Frage der Zeit, bis ich an die Reihe käme.

•

Titelseite des *Heilongjiang Tagblatts* vom 5. Oktober 1968. In der Bildlegende heißt es: „Der Große Führer, der Vorsitzende Mao, und sein Kampfgenosse Lin Biao bei der Parade zum Nationalfeiertag am Tiananmen-Tor". Die Schlagzeile lautet: „Die letzte Anweisung des Vorsitzenden Mao", im Kasten darunter ist zu lesen: „Die Kader sollten aufs Land gehen, um dort zu arbeiten. Dies ist eine sehr gute Möglichkeit zur Umerziehung. Alle bis auf die Alten und Kranken sind dazu aufgefordert. Auch Kader in Beamtenstellung sollten nach dem Rotationsprinzip aufs Land gehen."

Während der Kulturrevolution sollten Fotojournalisten keine so genannten negativen Bilder – von all den öffentlichen Tribunalen und Folterungen – machen, die Propaganda-Abteilung des Revolutionskomitees der Provinz und die Organisationen der Roten Garden an den Universitäten erließen mehrere Befehle, dass Fotografen ihre Negative abzugeben hätten. Die meisten befolgten diese Order, und ihre Negative wurden alle verbrannt und zerstört.

Ich habe meine Filme meist selbst entwickelt. Anschließend schnitt ich einige der Negative aus, jene, „die über den Auftrag hinausgingen", die Verurteilungen und Exekutionen zeigten. Diese „negativen" Negative steckte ich in kleine Papierhüllen und bewahrte sie in einer Schublade in meinem Büro auf. Sie hatte Geheimfächer, die ich selbst angefertigt hatte. Ich habe diese Bilder meinen Kollegen selten gezeigt, aber sie waren natürlich dabei gewesen, als ich die Fotos aufnahm, oder hatten die Negative und Abzüge in der Dunkelkammer gesehen, während ich sie entwickelte oder trocknete.

Im Herbst 1968 wurde ich schließlich namentlich angegriffen. Es geschah, als ich nach dem Nationalfeiertag am 1. Oktober zur Arbeit erschien. Die Räume waren mit großen Wandzeitungen bedeckt, die auf meine Person zielten: „Nieder mit Li Zhensheng! Zerstört das schwarze Untergrund-Hauptquartier!" Weitere Wandzeitungen erschienen, und ich wurde aus der ständigen Kommission suspendiert. Die Roten Garden des gegnerischen Lagers leiteten eine Untersuchung ein. Sie suchten meinen Heimatort in der Provinz Shandong auf, die Hochschule in Dalian und die Filmschule in Changchun, um nach belastenden Fakten in meinem familiären Hintergrund, meiner Schulzeit und meiner politischen Akte zu fahnden.

Li am Ufer des Songhua in Harbin am zweiten Jahrestag von Maos historischer Schwimm Aktion im Yangzi. Im Hintergrund ist das Denkmal der Großen Flut zu sehen, das nach den verheerenden Überschwemmungen im Sommer 1958 errichtet wurde (Foto: Wang Zhili). 16. Juli 1968

Glücklicherweise hatte ich meine Negative bereits von der Zeitung nach Hause gebracht. Sechs Monate nach unserer Hochzeit hatten Yingxia und ich schließlich eine Wohnung gefunden, in der wir gemeinsam leben konnten. Es war ein zwölf Quadratmeter großes Zimmer in relativ großer Entfernung zur Zeitung. Es befand sich in einer Villa in russischem Stil, die zuvor einem alten Kader gehört hatte. Nachdem man ihn wegen seines luxuriösen Lebensstils verurteilt hatte, wurde das Haus mehreren Familien zugeteilt. Es gab weder Heizung noch Gas oder Kanalisation, ein Verschlag mit Holzwänden und einer Grube im Boden diente allen gemeinsam als Toilette.

Ich schnitt ein Loch in Buchgröße in den Boden unter dem Tisch, den Yingxia und ich mit unseren Hochzeitscoupons gekauft hatten. Der Boden bestand aus zwei hochwertigen Holzplatten und ich brauchte mehrere Tage, um sie durchzusägen. Keiner durfte etwas merken. Yingxia stand beim Fenster und gab mir ein Zeichen, sobald sich jemand näherte, der zur Toilette wollte. Ich schrägte das herausgeschnittene Holzstück ab, damit es wieder genau in die Öffnung passte und befestigte eine Schnur daran, um es problemlos herausnehmen zu können. Da wir kein Plastik besaßen, hüllte ich die Negative in ein Wachstuch. Ich versteckte alles in diesem Loch – die Negative, belastende Münzen und Briefmarken –, dann verschloss ich es und rückte den Tisch wieder an seinen Platz.

Kurz danach, am 30. Oktober 1968, kam mein Sohn zur Welt. Als Zeichen meiner Weigerung, mich von den Angriffen gegen meine Person einschüchtern zu lassen, nannte ich ihn Xiaohan – „Über die Kälte lachend."

Am Abend des 26. Dezembers 1968, Mao Tse-tungs 75. Geburtstag, hielten Studentenrebellen eine Kritik-Versammlung ab, die alleine mir galt. Ich wurde auf das Podium geführt, musste den Kopf senken und mich einer sich über sechs Stunden hinziehenden Kritik vor mehr als 300 Kollegen stellen. Man warf mir vor, die Zeitung führen zu wollen, zu versuchen, mein eigenes unabhängiges „Königreich" zu gründen und gegen das Revolutionskomitee der Provinz zu opponieren. Diese letzte Anschuldigung war sehr schwerwiegend; Heilongjiang war die erste Provinz des Landes mit einem Revolutionskomitee gewesen und im Editorial der *Volkszeitung* als „erster Strahl des neuen Morgenlichts im Nordosten Chinas" bezeichnet worden. Mein Verbrechen richtete sich gegen das Licht.

Die Kritikversammlung wurde von einem jungen Dozenten der Lehrerbildungsanstalt von Harbin, Chen Yanzheng, geleitet. Chen hatte eine schrille, hohe Stimme und war ein guter Redner. Er was als Rotgardist zur Zeitung gekommen, fand aber wie manche andere – etwa der still hinter den Kulissen agierende Kader Nie – das Leben bei der Zeitung recht angenehm und verspürte nicht den Wunsch, es so rasch wieder aufzugeben. Chen, der Zugang zu meiner Akte bei der Zeitung erhalten hatte, enthüllte den Inhalt meiner Tagebücher und Briefe, die Zeilen, die ich geschrieben hatte, nachdem mir der Job bei der Xinhua-Nachrichtenagentur in Peking entgangen war: „In der Provinz Heilongjiang werde ich nicht alt". Anscheinend hatte jemand sie gelesen und Meldung erstattet. Nun verhörten mich die Rebellen: „32 Millionen Menschen leben in der Provinz Heilonjiang", hieß es. „Sie leben hier seit Jahrhunderten. Wie kommt es, dass du hier nicht leben und sterben kannst?"

An den Hintergründen waren sie natürlich nicht interessiert. Sie zeigten Fotografien von Yingxia und mir herum, vor allem solche, auf denen ich einen gewissen Schick hatte. Alles wurde gegen mich verwendet. Da ich nicht aus einer bourgeoisen Familie stammte, bezeichneten mich die Rebellenkader als „Neo-Bourgeois". Eines nach dem anderen wurden all meine „Verbrechen" ans Licht gebracht: mein Hinweggehen über die Schuldbehörde in der Filmschule von Changchun, meine Tagebucheintragungen über die „Vier Säuberungen", in denen ich Sympathie für die Heldin des denunzierten Films „Früher Frühling" bekundet hatte. Auch meine ehemalige Sekretärin denunzierte mich, sie enthüllte die Episode mit dem Empfehlungsschreiben für die Frau des Rechtsabweichlers. Man konnte nichts dagegen tun. Als eine weitere ehemalige Sekretärin, eine Frau namens Lin Xianjuan, sich weigerte, mich zu kritisieren, wurde sie aufs Podium gebracht und ebenfalls angeklagt.

.i (vordere Reihe, außen rechts) ıit Mitgliedern des Revolutions- omitees des *Heilongjiang 'agblatts*, die für ein Gruppen- oto vor dem Gebäude der :eitung in Harbin posieren Foto: Wan Jiyao). 7. Mai 1968

Dass ich die neu hinzugekommenen Kader bei der Zeitung ablehnte, war allgemein bekannt, von den anderen Zwischenfällen wussten meine Kollegen jedoch nichts, und das weckte ihren Zorn. Ein Rotgardist, ein junger, hoch gewachsener Student von der Lehrerbildungsanstalt in Harbin namens

Wang Wensheng bezeichnete mich sogar als ausländischen Agenten! Es war damals verboten, Zeitungen ins Ausland zu schicken. Wang hatte gesehen, dass ich während meiner Zeit auf der Mittelschule Briefmarken, die für meine Tauschpartner in Indonesien und Japan bestimmt waren, in Lokalzeitungen eingepackt hatte. Er kam zu mir aufs Podium und riss mir das Mao-Abzeichen vom Mantel. „Du bist ein ausländischer Agent, ein Neo-Bourgeois. Du hast kein Recht, es zu tragen!"

Lis Sohn Xiaohan in der Wohnung der Familie in Harbin, an jenem Tisch, unter dem Li 1968 ein Loch in den Boden sägte, um seine Negative zu verstecken. 19. Februar 1973

Eine noch niederträchtigere Anschuldigung brachte Chen vor. „Wir beschuldigen Li Zhensheng des sexuellen Missbrauchs!", schockierte er die Versammlung. „Unter dem Vorwand, ihr Fotos zu zeigen, hat er eine tugendhafte Rotgardistin missbraucht!" Chen erwähnte den Namen des „Opfers" nicht, ich wusste aber, wovon er sprach. Es gab drei Frauen unter den Roten Garden bei der Zeitung, und eine von ihnen, Feng, hat damals tatsächlich in einem kleinen Zimmer in der Nähe des Fotolabors gewohnt. Feng hatte eine Freundin, eine Rotgardistin namens Ma, die oft auf Besuch vorbeikam. Ma studierte Bildende Kunst an der Lehrerbildungsanstalt von Harbin. Einmal bat sie mich, meine Arbeiten sehen zu dürfen, und als ich den Schrank öffnete, um Fotos herauszunehmen, berührte mein Arm ihre Wange, woraufhin ich mich entschuldigte. Ihr Freund war ebenfalls Mitglied der Ständigen Kommission. Er wusste genauso gut wie Ma, dass die Anschuldigung lächerlich war, ließ aber unter der Bedingung, dass Mas Name nicht erwähnt würde zu, dass die Kader Nie und Chen den Vorfall für ihre Zwecke benutzten.

Die Vorwürfe machten mich wütend. Obwohl ich in der Haltung des Gedemütigten stehen und Schuldbewusstsein zeigen sollte, hob ich den Kopf und schrie ihren Namen heraus: „Ma soll auf das Podium!", verlangte ich. „Lasst mich mit ihr reden – dann wird sich die Wahrheit zeigen!" Natürlich konnte Chen das nicht zulassen, da sonst das ganze Komplott aufgedeckt würde. So wies er mich zurecht: „Der Angeklagte hat nicht das Recht, Forderungen zu stellen!" Er wandte sich an die Menge: „In vier Tagen beginnt ein neues Jahr", und dann schrie er jene Parole, die ich mein ganzes Leben lang nicht mehr vergessen werde: „Nieder mit Li Zhensheng, damit das Jahr 1969 glorreich anbrechen kann!" „Wie?", dachte ich, „Das neue Jahr kann mit Li Zhensheng nicht anbrechen?"

Die Kritikversammlung dauerte bis Mitternacht. Dann ging ein Team, angeführt von dem hoch gewachsenen Rotgardisten Wang Wensheng, zu meiner Wohnung, um nach weiteren Beweisen gegen mich zu suchen. Die einzige Wärmequelle im Zimmer war ein Kohleofen. Es war bitterkalt, und durch die geöffneten Türen strömte eisige Luft in den Raum. Ich wurde von Wang gezwungen, alle Schubladen und Schränke zu öffnen, während das Baby in Yingxias Armen schrie. Als sie einige private Fotos von uns beiden entdecken, hielt er sie verächtlich hoch, um sie seinen Genossen zu zeigen: „Schaut euch diese hübschen Bourgeois an", spottete er.

Die Negative befanden sich in ihrem Versteck im Boden. Zwar glaubte ich nicht, dass Wang sie finden würde – dennoch stand ich vor dem Tisch, der das Loch verdeckte, während Wang und seine Genossen unsere Sachen durchwühlten. Sie konfiszierten mehrere Briefmarkenalben, viele Briefe und Fotografien, um „eine umfassende politische Untersuchung zu beginnen“. Als Wang nach dem Päckchen mit unseren Liebesbriefen griff, wurde Yingxia ärgerlich und bat ihn, die Briefe in Ruhe zu lassen. „Ein Mitglied der Kommunistischen Partei hat nichts zu verbergen“, erwiderte er selbstgefällig.

Ich sorgte mich um Yingxia. Wir hatten kein Telefon, deshalb hatte ich sie nicht anrufen können, um sie vorzuwarnen. Und sie hatte erst zwei Monate zuvor entbunden. Manche Menschen in China glauben, wenn eine Frau, die gerade ein Kind bekommen hat, erschrickt, wird sie später an Menstruationsbeschwerden oder Unfruchtbarkeit leiden. Ich wollte, dass Yingxia ruhig blieb. Ich wollte stark für sie sein. Doch nach sechs Stunden Kritikversammlung war ich so erschöpft, dass eher sie mir eine Stütze sein musste. Nachdem die Roten Garden gegangen waren, fiel ich aufs Bett. Sie hielt ihre Tränen zurück und versuchte mich zu trösten. „Bitte sei stark“, bat sie. „Wir haben nichts Falsches getan.“

Meine Vergehen reichten für eine Entlassung nicht aus, aber von diesem Tag an durfte ich nicht mehr fotografieren. Man nahm mir die Kameras weg und verbot mir, in mein Büro zurückzukehren. Stattdessen bekam ich die Aufgabe zugeteilt, im Amt für Umfassende Information Zeitungsartikel auszuschneiden. Der Leiter dieses Amtes war niemand anderer als der hoch gewachsene Rotgardist, der die Durchsuchung meiner Wohnung geleitet hatte, Wang Wensheng – und unsere Beziehung war dementsprechend schlecht. Er kommandierte mich herum und versuchte mich zu provozieren. Eines Tages, ich schnitt gerade einige Artikel aus und wir waren allein im Zimmer, sagte er zu mir: „Li Zhensheng, warum hast du nicht gestanden, dass du Ma, diese hervorragende Genossin, sexuell missbraucht hast!“ „Ma ist im oberen Stockwerk“, erwiderte ich. „Sag ihr, sie soll herunterkommen und ein paar Fragen beantworten.“ „Müssen wir sie wirklich weiter belästigen?“, fragte er. „Gut. Wie du willst. Dann werde ich ein Geständnis machen. Doch erst werden wir die Tür öffnen, damit ich auf den Korridor gehen und es laut hinausrufen kann. Jeder soll hören: ‚Ich habe Ma vergewaltigt!‘“

Auf beiden Seiten des Korridors waren Büros, und Wang, dem sehr wohl bewusst war, dass diese Geschichte erfunden war, wollte nicht, dass alle davon erfuhren. Ich war bereits verheiratet, aber für Ma, die Freundin eines Mitglieds der Ständigen Kommission, wäre die Schande groß gewesen.

i beim Trocknen der Abzüge n Fotolabor des *Heilongjiang* agblatts in Harbin (Foto: 'an Jiyao). 15. September 1968

„Wie kannst du es wagen, so etwas zu sagen", brüllte er. „Selbst jetzt noch missbrauchst du sie mit Worten!" Dann schlug er mich, obwohl er mehrere Jahre jünger war als ich, auf die linke Wange. Dies war das einzige Mal in meinem Leben, dass ein anderer als mein Vater mich schlug, und in diesem Augenblick wäre ich zu allem fähig gewesen. Ich wusste aber, würde ich zurückschlagen, wäre meine Zukunft zerstört. Also biss ich die Zähne zusammen und presste hervor: „Du wirst dich an diesen Tag, an diesen Schlag, erinnern!"

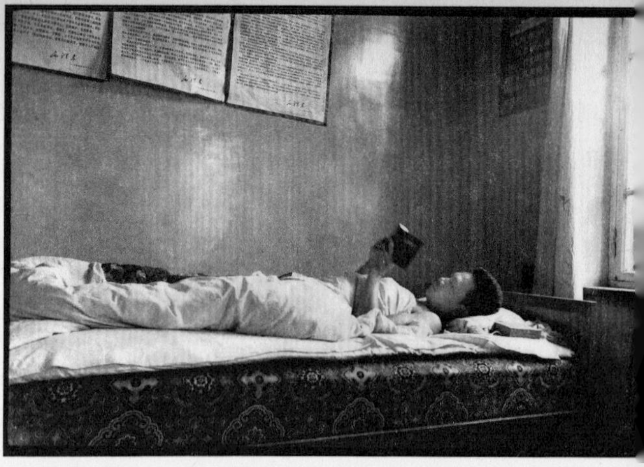

Li bei der Lektüre von Maos Werken während eines Auftrags für das *Heilongjiang Tagblatt* am Luftstützpunkt Lalin im Bezirk Wuchang (mit Selbstauslöser fotografiert). 5. Juli 1969

Nach diesem Zwischenfall versuchte Wang, mir aus dem Weg zu gehen; doch wie es der Zufall wollte, begegnete ich ihm 30 Jahre später. Ich stattete dem *Heilongjiang Tagblatt* einen Besuch ab, und plötzlich, ich sprach gerade mit Kollegen, stand er da. Wang blinzelte mich an, er traute seinen Augen nicht. Als ich ihm die Hand reichen wollte, wich er zurück. Er dachte, ich würde zurückschlagen! Sein Gesicht lief rot an, als ob ich ihn geohrfeigt hätte.

•

Am 6. September 1969 wurde ich gemeinsam mit 26 anderen, darunter auch meine Frau, auf die 7.-Mai-Kaderschule Liuhe geschickt. Überall in China gab es diese „Umerziehungsschulen", die Mao zwei Jahre davor durch die berühmte Direktive vom 7. Mai ins Leben gerufen hatte und die den Revolutionskomitees der Provinz unterstanden. Liuhe, in einer abgelegenen Gegend des Bezirks Qingan, auf halbem Weg zwischen Harbin und der sowjetischen Grenze, war berühmt dafür, die erste dieser Schulen gewesen zu sein.

Während der „Vier Säuberungen" waren wir aufs Land gegangen, um die Massen zu mobilisieren. Auf den 7.-Mai-Schulen sollten wir umerzogen werden – durch Arbeit , harte Arbeit, tagaus, tagein. Wir schnitten Gras, hackten Holz, rodeten Wälder, bauten Straßen. Zwar durfte ich keine Fotos machen, doch hatte ich heimlich zwei Kameras mitgenommen, eine sowjetische 35 mm-Zorki und eine chinesische Schanghai, eine zweiäugige Mittelformat-Spiegelreflexkamera. Mehr als ein paar idyllische Landschaftsfotos brachte ich in dieser Zeit nicht zuwege, doch war ich immer darauf bedacht, meine Augen und meine Hände zu schützen, da viele beim Holzhacken ihre Finger verloren.

In mancher Hinsicht fühlte ich mich an die Zeit im Internat erinnert: 30 bis 40 Menschen schliefen in einem großen improvisierten Bettlager. Oft schlief ich in Kleidern, da wir manchmal mitten in der Nacht geweckt wurden, um zu einem Marsch anzutreten. Dies sollte eine Milizausbildung sein, war aber eigentlich eine Art Folter. Zu essen bekamen wir *Mantou*, Dampfbrötchen aus Weizenmehl, oder Reis, in dem Sand war, und eine wässrige Rübensuppe. Die gehackten Rüben verbargen sich auf dem Boden des Topfes, es war uns aber untersagt, umzurühren. Als es der ehemalige Vorsitzende des Obersten Volksgerichtshofs von Heilongjiang trotzdem einmal versuchte, wurde er kritisiert, eine „anti-maoistische Linie zu verfolgen". Die Rüben, die übrig blieben, erhielten die Schweine.

Man kann sich die Strapazen, die wir – und vor allem die Frauen – durchmachten, kaum vorstellen. Im Winter mussten sie, auch wenn sie menstruierten oder schwanger waren, Eis brechen, bis zur Taille im eisigen Wasser stehen und hinuntergreifen, um das Schilf für die Dächer zu schneiden.

Ich war anfangs bei der Kompanie für den Schulbau, die Bretter für den Bau von Schulgebäuden vorfertigte. Diese Bretter wurden hergestellt, indem wir Holzspäne mit Gips vermischten, dann die Masse in einen Holzrahmen gossen, diesen bedeckten und auf einem Karren über zwei Schienen in einen Brennofen schoben, wo die Masse gehärtet wurde. Aus einer Grube unter den Schienen wurde heiße Luft in den Brennofen geblasen; wir mussten zwischen den Schienen gehen und aufpassen, dass wir nicht hinunterfielen. Ärmel und Hosenbeine mussten wir zubinden, um uns vor Staub und Asche zu schützen. Es waren Temperaturen wie in einem Heizkessel, den ganzen Tag pendelten wir zwischen der Hitze und der beißenden Kälte im Freien hin und her. Die Umstände waren unerträglich. Einmal sah ich, wie ein Mann starb, ein Brett war ihm auf den Kopf gefallen. Er war sofort tot. Sein Leichnam wurde achtlos in eine Grube geworfen.

Nach der harten körperlichen Arbeit mussten wir nachts Maos Werke studieren, an Diskussionen teilnehmen und unsere Weltsicht unter Bezugnahme auf Mao Tse-tungs Gedankengut analysieren. Mao berührte jeden Aspekt unseres Lebens. Einmal stürzte eine alte Dame zwischen die Schienen. Nachdem man sie herausgezogen hatte, musste sie analysieren, warum sie gestürzt war, statt dass man sie in eine Klinik gebracht hätte. Es hieß, ihr Fehler wäre gewesen, dass sie nicht „Maos Linie gefolgt sei". Ein anderes Mal lehnte der ehemalige Vorsitzende des Obersten Volksgerichtshofs von Heilonjiang einen Spaten so gegen eine Wand, dass er umfiel. Er war Anfang der 1940er Jahre mit Mao in Yanan gewesen. Nun musste er analysieren, warum sein Spaten umgefallen war.

Ehepaare durften nicht gemeinsam in der Schule leben, und Yingxia war in einer anderen Kompanie als ich. Manchmal sah ich sie während der Arbeit, unsere Blicke trafen sich und wir nickten uns zu. Es gab ein kleines Zimmer, in dem jedes Paar eine Nacht pro Monat verbringen durfte. In diesen Nächten hat Yingxia oft geweint. Wir hatten unseren Sohn Xiaohan bei seiner Großmutter in der Provinz Shandong zurückgelassen. Er war kaum ein Jahr alt und noch nicht einmal abgestillt. Wir vermissten ihn unbeschreiblich, durften es aber nicht zeigen. Wir litten körperlich, seelisch und emotional,

telefoniert in seinem Büro Harbin mit einem Freund, n sich vor seiner Abreise in die -Mai-Kaderschule Liuhe zu rabschieden (mit Selbstaus-ser fotografiert). 1. September 69

mussten aber all die Zeit so tun, als ob wir glücklich wären, hier zu sein, auch wenn wir von einander und von unserem Sohn getrennt waren. Wir hatten während der Hungersnot gelitten. Wir litten während der „Vier Säuberungen", als wir zum ersten Mal aufs Land geschickt worden waren –, auch damals waren wir hungrig, aber wir wussten, dass wir nach Ablauf eines Jahres nach Hause zurückkehren durften. In der 7.-Mai-Schule gab es diese Garantie nicht.

Die einzigen Nachrichten von der Außenwelt kamen über die Lautsprecher. Ich hörte immer sehr genau hin, da ich wusste, dass jede Wende in der Politik unser Schicksal verändern konnte. Deshalb war ich auch sehr aufgeregt, als der Lautsprecher im Mai 1971 den Sturz von Pan Fusheng, dem Leiter des Revolutionskomitees der Provinz Heilongjiang, verkündete. Da Heilongjiang die erste Provinz des Landes mit einem Revolutionskomitee gewesen war, signalisierte der Sturz der ersten Führungsperson eine bedeutende Veränderung in der Politik Maos und des Zentralkomitees.

Pans Abgang löste in der 7.Mai-Schule Verwirrung aus. Wer hatte nun das Sagen? Die Schule wurde von Leuten geführt, die zwar selbst kritisiert worden waren, aber als „getreue Kader" galten. Wem waren sie, jetzt wo Pan nicht mehr da war, verpflichtet? Leute begannen die Schule zu verlassen. Sie meldeten sich beim Schulpersonal: „Meine Mutter ist krank" oder „Meine Frau bekommt ein Kind", und niemand hielt sie zurück. Unter dem Vorwand, dass mein Vater schwerkrank sei und wir nach unserem Sohn sehen müssten, brachen auch Yingxia und ich im August auf. Wir ließen uns auf einem Traktor zum Bahnhof bringen und fuhren nach Hause.

Nachdem wir Xiaohan in Shandong besucht hatten, kehrten wir nach Harbin zurück. Dort erzählte mir ein Freund, noch bevor die Nachricht offiziell verbreitet wurde, was geschehen war: „Glatzkopf Lin ist tot!", schrie er, als wir allein und unbeobachtet waren. Lin Biao, Maos Nachfolger, so teilte er mir mit, hatte den Vorsitzenden verraten und war in der Mongolei beim Absturz des Flugzeuges getötet worden, mit dem er in die Sowjetunion hatte fliehen wollen.

Ich hatte Lin von Anfang an nicht gemocht. Er hatte in den 1940er Jahren couragiert gegen Chiang Kai-shek gekämpft, doch hatte er auch die ultralinke Linie, die „Vier Großen" und das Kleine Buch zu verantworten und repräsentierte die eigentlichen Machthaber in den 7.-Mai-Schulen. Darüber hinaus war er hässlich – er hatte ein richtiges Affengesicht. Im Haus meiner Familie in Shandong hatten wir eine Fotografie von Lin und Mao an der Wand. Ich erinnere mich, dass meine Mutter das Bild einmal stirnrunzelnd betrachtet hatte. „Sieh ihn dir an", sagte sie und zeigte auf Lin. „Er ist nicht wie Mao – er könnte eher sein Stallknecht sein." Lins Tod zog bedeutende politische Veränderungen nach sich; einige ultralinke politische Maßnahmen wurden rückgängig gemacht, viele begannen auch, die Kulturrevolution anzuzweifeln und öffentlich die Fehler der vorangegangenen Jahre zu kritisieren.

Ich fühlte mich schlecht behandelt, als Opfer eines Machtkampfes zwischen Rebellenfraktionen, der nichts mit der Revolution zu tun hatte. Anstatt auf die 7.-Mai-Kaderschule zurückzukehren, wie ich es hätte sollen, nahm ich Kontakt mit ehemaligen Verbündeten auf und versuchte, unsere dauerhafte Heimkehr in die Wege zu leiten. Mit Hilfe von zwei Freunden namens Bai und Liu schrieb ich eine Wandzeitung und schlug sie in der Nähe des Provinz-Parteikomitees an die Wand. Der Inhalt lautete: „Die Machthaber des *Heilongjiang Tagblatts* haben einen kapitalistischen Weg eingeschlagen, wahre Revolutionäre unterdrückt und alle vertrieben, die nicht ihrer Meinung waren. Das *Heilongjiang Tagblatt* muss die neue Parteipolitik gegenüber Intellektuellen praktizieren!", unterzeichnet mit „Die Belegschaft des *Heilongjiang Tagblatts*".

Liu war ein Freund von der Filmschule, Bai war ein Maler, der im selben Wohnheim wie Liu untergebracht war. Ich habe eine sehr markante Handschrift, und da ich nicht wollte, dass mich jemand von der Zeitung als Autor identifizierte, ließ ich Bai die Schriftzeichen für mich malen. Liu und Bai waren starke Trinker. An jenem Abend nahmen wir gemeinsam eine Mahlzeit ein, und die beiden tranken Kornbranntwein, bis sie so betrunken waren, dass wir von unserem Vorhaben lassen mussten. Am nächsten Abend wurde wieder getrunken und wieder war mit Liu und Bai nichts anzufangen. Am dritten Abend schließlich flehte ich sie an, nichts zu trinken, bis wir die Wandzeitung aufgehängt hätten, was schließlich auch gelang.

Meine Wandzeitung löste großes Aufsehen aus. Das Provinz-Parteikomitee nahm sie sehr ernst und rief beim *Heilongjiang Tagblatt* an. Viele Leute in Machtpositionen bei der Zeitung, die bereits durch das neue politische Klima verunsichert waren, wurden äußerst nervös. Nach Pan Fushengs Sturz wurde gemäß der neuen nationalen Politik die Ständige Kommission abgeschafft, der ehemalige Chefredakteur Zhao Yang wurde zurückgeholt, und in den Versammlungen der höchsten Führungsebenen übten Komissionsmitglieder nun Selbstkritik, statt dass sie andere beschuldigten und Feinde verurteilten.

Diese Treffen nannte man unter Bezug auf Maos Anweisung, dass ganz China „sich für einen größeren Sieg vereinigen" müsse, „Den Hügel erklimmen", und im Februar 1972 fand ein Treffen aller Rebellenfraktionen statt. Als Vertreter der Roten Rebellenliga und der Belegschaft übte ich emotionale Selbstkritik. Ich gab zu, dass meine Gruppe die Schwächen der ande-

'ährend seiner Umerziehung der 7.-Mai-Kaderschule Liuhe n Bezirk Qingan machte Li, r heimlich zwei Kameras mitnommen hatte, „aus Bewundeing für die Vitalität der Natur" nige Landschaftsfotos. Zu eiteren Fotos hatte er keine elegenheit. 25. Dezember 1970 inks) und 7. Januar 1971 (rechts)

Li in den Wäldern des Bezirks Qingan in der Nähe der 7.-Mai-Kaderschule Liuhe, wo er zwei Jahre der Umerziehung verbrachte (mit Selbstauslöser fotografiert). 15. Februar 1970

ren Seite attackiert hatte, um zu beweisen, dass wir revolutionärer waren als diese. Es gibt ein berühmtes chinesisches Gedicht, in dem es heißt: „Mit einem Blatt vor Augen, kann man den Tai-Shan nicht sehen.“ Für meine Selbstkritik schrieb ich es um: „Die Zersplitterung in verschiedene Fraktionen, die unsere Sicht verstellte, machte uns blind für das Gemeinsame.“ Verbündete und Feinde, der ganze Saal spendete begeistert Beifall.

Nach dem Treffen forderte mich mein alter Redakteur Zhao Yang auf, meine Arbeit wieder aufzunehmen. Nach mehr als zwei Jahren auf dem Land durfte ich offiziell nach Hause.

Monatelang wurde es mir nicht bewusst – erst in jenem Frühling, als ich gemeinsam mit einem weiteren Fotografen der Zeitung den Auftrag erhielt, den Besuch des kambodschanischen Prinzen Sihanouk zu fotografieren. Am ersten Tag – ich saß in einer zur Eskorte gehörigen Limousine mit roter Flagge, die Straßen waren mit Fahnen schwenkenden Menschen gesäumt – traf es mich plötzlich wie ein Schlag: Trotz der schweren Zeiten, die ich erlebt hatte – die Durchsuchung meiner Wohnung, die langen, kalten Märsche, die harte Arbeit in der 7.-Mai-Schule – ich hatte überlebt, ich war noch da, ungebrochen.

1968–1972

Nach dem Blutvergießen der vorangegangenen Jahre hatten Mao und eine kleine Gruppe, der Lin Biao und Maos Frau Jiang Qing angehörten, 1968 die Macht fest in ihren Händen. Nachdem der ehemalige Präsident Liu Shaoqi ausgeschaltet und alle 29 Provinzen Chinas fest in den Händen der neuen Provinz-Revolutionskomitees waren, wurden die Roten Garden, deren anarchische Impulse einen Bürgerkrieg entfacht hätten, aufgelöst – sie hatten ihren Zweck erfüllt.

Um die destruktiven Energien der Studentenrebellen, die die Schule verlassen hatten, um Revolution zu machen, zu kanalisieren und der wachsenden Unterbeschäftigung in den Städten gegenzusteuern, lancierte der Vorsitzende eine neue Massenbewegung auf dem Lande. Das Kader-Schulprogramm vom 7. Mai, benannt nach einem Brief, den Mao am 7. Mai 1966 an Lin Biao über das Arbeitsstudium unter Bauern geschrieben hatte, war ein Gulagsystem, das harte körperliche Arbeit mit dem eifrigen Studium von Maos Schriften verband. In den folgenden vier Jahren besuchten Millionen von Parteikadern, die von der Kampagne „zur Bekämpfung von Klassenunterschieden" erfasst worden waren, die 7.-Mai-Schulen, die überall auf dem Lande errichtet wurden. Ihnen folgten weitere fünf Millionen „gebildete Jugendliche", die von den Bauern lernen sollten. Diese in eine fremde Umgebung versetzten Menschen wurde die „Generation der Hinuntergeschickten" genannt.

In den darauf folgenden Jahren steuerte Mao die Kulturrevolution unter dem Motto der „Fortsetzung der Revolution bei gleichzeitiger Erhöhung der Produktion" in eine neue Phase. Der Schwerpunkt der vom Staat finanzierten Propaganda verlagerte sich auf die positive Verstärkung der proklamierten Werte, wobei die inhärente Qualität der kommunistischen Revolution und Konformität sowie die Hingabe an Mao besonders hervorgehoben wurden. Die Anhänger wurden energiegeladen und loyal, strahlend vor Glück und Gesundheit gezeigt. Kinder, die diese Eigenschaften von Natur aus verkörperten, wurden als Leitfiguren zur Übermittlung positiver Nachrichten eingesetzt, sie waren ideale Symbole für die beabsichtigte Wiedergeburt der Nation nach den Jahren des Kampfes. Die Botschaft war einfach und wurde von Premier Tschou En-lai schon mehrere Jahre zuvor formuliert: „Alles, was mit Mao Tse-tungs Ideen übereinstimmt, ist richtig. Alles was nicht mit ihnen übereinstimmt, ist falsch."

Doch hinter dem ältlichen Führer lauerten bereits die Drahtzieher der Katastrophe: Lin Biao, der die Armee kontrollierte, und Jiang Qing und ihre Gruppe von Radikalen aus Schanghai, die sich alsbald zur berüchtigten „Viererbande" formieren sollten. Nachdem alle moderaten Stimmen verstummt waren und keiner mehr übrig war, der den Kampf aufnehmen konnte, begannen Lin und Jiang, anknüpfend an Maos Diktum der permanenten Revolution, den fatalen Wettstreit um Maos Gunst und die künftige Führung in China.

Harbin, Provinz Heilongjiang, 16. April 1968

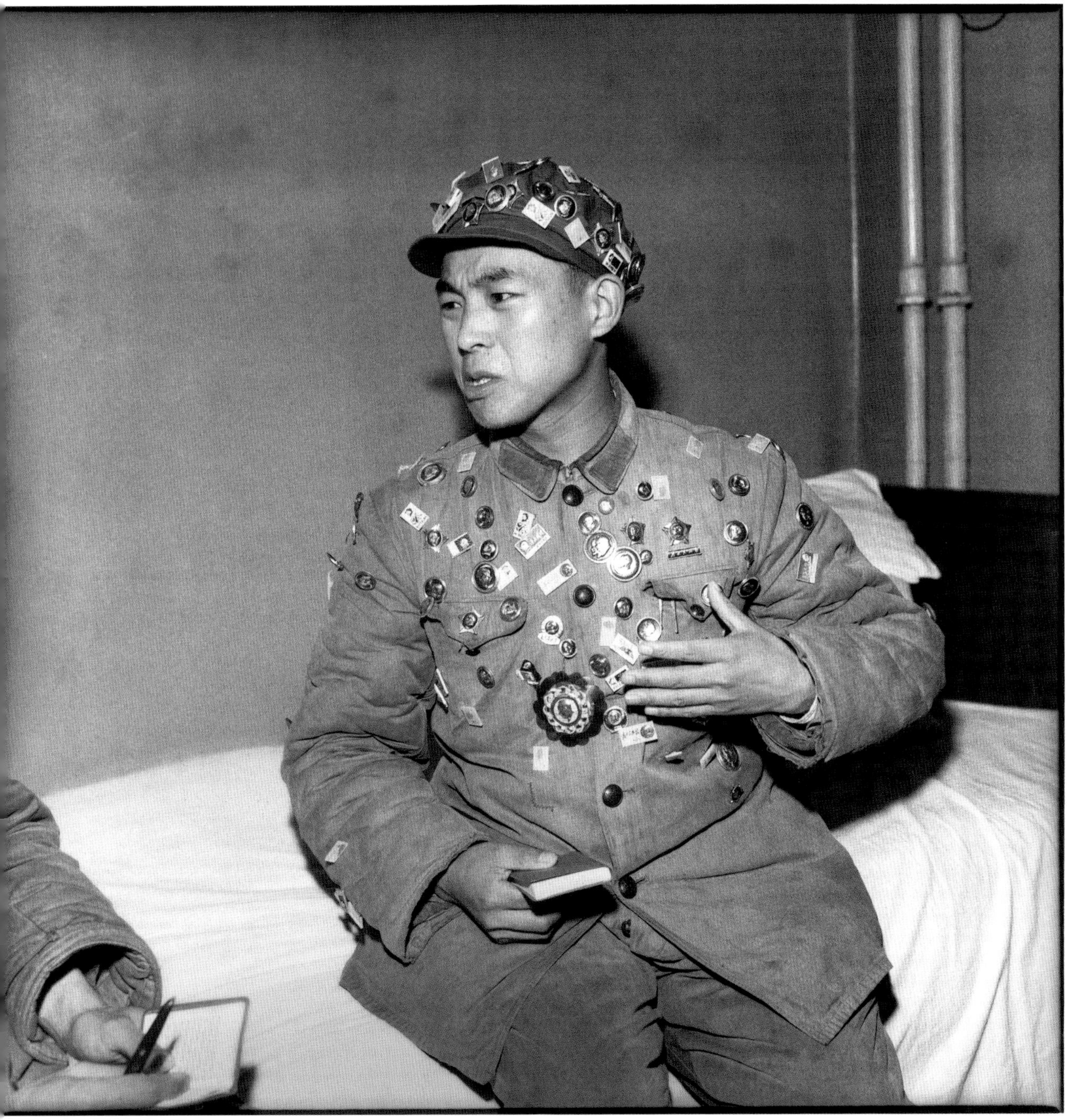

'ährend einer dreiwöchigen Schu-
ng zum Studium und der Anwen-
ung der Ideen Mao Tse-tungs,
erichtet Wang Guoxiang, ein
uster-Soldat der VBA, von seinen
rfahrungen aus einer Sitzung in
er Kommune Xinfia etwas außer-
alb von Harbin. Die Menschen im
ublikum befestigten etwa 170 Mao-
nstecknadeln an ihren Kappen
nd Uniformen, um ihrer Bewundeing Ausdruck zu verleihen.

Kang Wenjie, ein fünf Jahre altes Wunderkind, präsentiert vor Vertretern der Konferenz zur Schulung und Anwendung von Mao-Tse-tung-Ideen auf dem Rote-Garden-Platz in Harbin den „Loyalitätstanz“.

Harbin, 28. April 1968

Hunderttausende versammeln sich vor dem Nord-Plaza-Hotel mit selbst gemachten Mao-Porträts, um ihre Loyalität und Unterstützung zu beweisen.

Harbin, 21. Juni 1968

Ein Propaganda-Team für Mao-Tse-tung-Ideen singt in der Kommune Taiping Mao-Zitate (11. Juli, unten links). Schwimmer bereiten sich darauf vor, in den Songhua zu springen, um den zweiten Jahrestag von Maos Schwimm-Aktion im Yangzi zu feiern (16. Juli, unten rechts und unten links). Arbeiter der Kunsthandwerksfabrik fertigen Mao-Plaketten an (18. Juli, unten rechts). Schriftsteller und Künstler, die zu körperlicher Arbeit aufs Land geschickt werden, marschieren durch den Bezirk Wuchang (18. August, rechte Seite).

NEOPAN SS

Harbin, September–Oktober 1968

atienten des Militärhospitals bei
rem morgendlichen Treuegelöbnis
or Maos Porträt (5. September, unten).
m 1. Oktober feiert Harbin den
ationalfeiertag mit Feuerwerken am
onghua, Paraden von Schulmädchen
nd der VBA sowie einem Umzug, bei
em eine Statue von Mao auf einem
it Sonnenblumen geschmückten
loß durch die Straßen getragen wird –
n Symbol dafür, dass sich das chine-
sche Volk nach Mao richtet wie
onnenblumen nach der Sonne (im
hrzeigersinn von unten rechts).

NEOPAN SS

NEOPAN SS

革命委員会好

Die Bezirke Harbin und Shangzhi, 6.–11. Oktober 1968

毛主席語录
领导我们事业的
核心力量是中国共产
党。
毛泽东思想
红衛兵

Ein Propaganda-Team für Mao-Tse-tung-Ideen verbreitet Maos Anweisungen an der Universität der Industrie in Harbin (linke Seite). Bauern versammeln sich, um einen „Brief des Zentralkomitees und der Kommunistischen Partei Chinas an die Bauern" zu lesen, der im *Heilongjiang Tagblatt* veröffentlicht wurde (oben).

Harbin, 14. Oktober 1968

Nach der Rückkehr von der Feier zum Nationalfeiertag in Peking werden der Delegation des Revolutionskomitees von Heilongjiang auf dem Bahnhof von Harbin Mangos aus Wachs als Geschenk überreicht, ein Sinnbild der sieben echten Mangos, die Mao im August davor von einer Delegation aus Pakistan erhalten hatte. Mao überreichte diese Mangos sieben Propaganda-Teams der Arbeiter-Bauern, die den Kampf zwischen den Fraktionen der Roten Garden niedergeschlagen hatten. Die Überreichung der Mangos sollte Maos Vertrauen in die Arbeiter nach der Auflösung der Roten Garden symbolisieren.

Auch als in China abrupt Stabilität Einzug hielt, ging der Terror weiter. Während die ersten Denunzierten bereits tot oder in entlegene Regionen Chinas verbannt waren, nahmen die Rebellen oft die zurückgelassenen Verwandten ins Visier. „Schuld" war in der Kulturrevolution, wie auch in der Kampagne gegen Rechtsabweichler der 1950er Jahre, vererbbar. Die Söhne und Töchter vermeintlicher Konterrevolutionäre und Revisionisten waren – wie die Söhne und Töchter der angeklagten Kapitalisten und Rechtsabweichler vor ihnen – durch die Verbrechen der Eltern stigmatisiert und teilten häufig deren Schicksal.

Ein besonders schändlicher Fall ereignete sich Ende 1968 in Harbin und betraf den Sohn des ehemaligen ersten Parteisekretärs von Heilongjiang. Ouyang Qin war vor dem Ausbruch der Kulturrevolution der mächtigste Mann der Provinz und daher primäre Zielscheibe der Roten Garden. Als Denunzierter bekam er den Hass der Garden nicht in vollem Ausmaß zu spüren, da Premier Tschou En-lai, dem er seit den 1920er Jahren, als beide in Frankreich studierten, freundschaftlich verbunden war, ihn zu seinem Schutz im Sommer 1966 in ein Militärhospital in Peking überweisen ließ. Sein Sohn hatte weniger Glück.

Ouyang Xiangs Verbrechen bestand darin, dass er einen anonymen Brief an das Provinz-Revolutionskomitee geschrieben hatte, in dem er betonte, dass sein Vater Mao uneingeschränkt ergeben war. Pan Fusheng glaubte einen schwerwiegenden Fall von Konterrevolution vor sich zu haben und ließ Ouyang innerhalb weniger Tag verhaften, nachdem man seine Handschrift identifiziert hatte. Am 30. November 1968 wurde vor dem Nord-Plaza-Hotel ein öffentliches Tribunal abgehalten. Als Konterrevolutionär angeklagt, musste Ouyang Xiang ein Schild mit der Angabe seines Verbrechens und dem Datum seines Briefes um den Hals tragen. Als er rufen wollte „Lang lebe der Vorsitzende Mao", stopfte man ihm den Mund mit einem schmutzigen Handschuh. Wenige Tage später wurde er aus dem Fenster im dritten Stock des Amtsgebäudes gestoßen, in dem er festgehalten wurde. Im offiziellen Bericht war von Selbstmord die Rede.

Ouyang Xiang, der Sohn des ehemaligen ersten Sekretärs des Provinz-Parteikomitees, wird aus dem Nord-Plaza-Hotel gezerrt und angeklagt, weil er einen nicht unterschriebenen Brief an das Provinz-Revolutonskomitee geschickt hatte, in dem er seinen denunzierten Vater verteidigte.

“68.11.24”反革命犯
欧陽湘

Als Ouyang Xiang versucht, sich zu verteidigen, wird ihm der Mund mit einem Handschuh gestopft. Auf dem Schild um seinen Hals sind sein Name und das Datum des Briefes zu lesen.

“68.11.24”反革命犯
欧陽湘

“68.11.24”反革命犯
欧陽湘

Harbin, 30. November 1968

"68.11.24"
欧陽湘

欧陽湘

Harbin, 30. November 1968

'lehrere Tage nach dieser Kritik-
ersammlung vor dem Nord-Plaza-
lotel wurde Ouyang Xiang von
inem Mitglied einer Rebellen-
raktion aus dem Fenster des drit-
en Stocks eines Amtsgebäudes
estoßen. Im offiziellen Bericht
var von Selbstmord die Rede.

Rote Garden in Harbin an Maos 75. Geburtstag (26. Dezember 1968, unten links) und Piloten und Soldaten der VBA am Luftstützpunkt von Lalin (19. Juli 1969, oben links und unten links) studieren das Rote Buch. Während einer Vorführung des Dokumentarfilms *Vorsitzender Mao, Die Rote Sonne in unseren Herzen*, jubeln die Studenten jedes Mal, wenn Mao zu sehen ist (23. Juli, unten rechts). Arbeiter der Druckerei von Mudanjiang beim Verpacken der neuen einbändigen Ausgabe der Gesammelten Werke von Mao Tse-tung (10. August, rechte Seite).

42

Ein zentraler Lehrsatz der 7.-Mai-Kaderschule war: Körperliche Arbeit ist ein probates Mittel zur Ausschaltung von elitärem Denken und zur Propagierung sozialistischer Werte. Die Fotos zeigen Soldaten des 7. Mai beim Dreschen von Getreide im Norden von Heilongjiang.

Kommune Xinsheng, Bezirk Qingan, 4. November 1969

Die erste 7.-Mai-Kaderschule Chinas wurde auf der abgelegenen Farm Liuhe im Bezirk Qingan der Provinz Heilongjiang, 150 km nördlich der Hauptstadt Harbin, eingerichtet. Hier wurden, wie in allen anderen Lagern des Landes, die Familien getrennt untergebracht, die einzelnen Familienmitglieder lebten und schliefen in separaten Baracken. Die Tage waren mit körperlicher Arbeit ausgefüllt: Landwirtschaft, Rodungen von Wäldern, Bautätigkeit. Die Nächte waren dem Studium von Mao Tse-tungs Ideen gewidmet.

Im Unterschied zur Sozialistischen Erziehungsbewegung Mitte der 1960er Jahre, als die Kader aus den Städten im Allgemeinen ein Jahr bei den Bauern verbrachten, mit ihnen lebten, die Mahlzeiten mit ihnen einnahmen und arbeiteten, war der Aufenthalt in den 7.-Mai-Schulen von unbekannter Dauer. Von der Außenwelt isoliert, lebten die so genannten Soldaten des 7. Mai in diesen trostlosen Lagern, ohne Hoffnung, je nach Hause zurückzukehren.

Doch der Tod von Lin Biao, des wichtigsten Befürworters des Programms, im Herbst 1971 hatte entscheidende Auswirkungen auf die Zukunft der Schulen. Lin wurde vorgeworfen, ein Attentat geplant zu haben, bei dem Mao in seinem Sonderzug in die Luft gesprengt werden sollte. Als die vermeintliche Verschwörung aufflog, floh Lin in einem Trident-Jet in die Sowjetunion. Aus nach wie vor unbekannten Gründen hat das Flugzeug sein Ziel nie erreicht. Es explodierte am 13. September 1971 in der Mongolei. Keiner der Insassen überlebte.

„Soldaten" der 7.-Mai-Kaderschule von Liuhe posieren für ein Gruppenbild vor einem berühmten Gemälde, das Maos Reise nach Anyuan in der Provinz Hunan zeigt. Mao war durch die Koordination eines Bergarbeiterstreiks in Anyuan im Jahr 1922 in ganz China bekannt geworden.

毛主席去安源
敬祝毛主席万寿无疆

Bezirk Qingan, 18. Dezember 1970

oldaten“ der 7.-Mai-Kaderschule
n Liuhe posieren vor einem Haus,
s sie gerade gebaut haben, für
Gruppenbild. Li, der das Foto
t Selbstauslöser aufnahm, ist in
r zweiten Reihe als fünfter von
ks zu sehen.

Lin Biaos vermeintlicher Verrat an Mao und sein unmittelbar darauf folgender Tod sollten Chinas Schicksal in den kommenden Jahren prägen. Eine unmittelbare Konsequenz war der schwindende Einfluss der Hochburgen der 7.-Mai-Kaderschulen und der damit verbundenen ultralinken Politik. Doch die größte Auswirkung hatten die Ereignisse vielleicht auf Mao selbst. Der dem Vernehmen nach durch Lins Verrat niedergeschmetterte, nunmehr 77-jährige Vorsitzende, dessen Gesundheit ohnedies angeschlagen war, musste zwei Monate lang in seiner Residenz in Peking das Bett hüten.

Doch sollte sich Mao ein letztes Mal aufraffen. Bedroht durch die eskalierenden Scharmützel mit sowjetischen Truppen am Wusuli in der Nähe von Chinas nördlicher Grenze, nahm er in einem überraschenden Sinneswandel Verhandlungen mit den Vereinigten Staaten auf und lud das amerikanische Tischtennis-Team zu einem Chinabesuch ein, während amerikanische Streitkräfte in Südostasien nach wie vor Krieg führten. Nach mehreren Runden so genannter „Pingpong-Diplomatie“ traf der amerikanische Außenminister Henry Kissinger im Januar 1972 heimlich seinen chinesischen Gegenspieler Tschou En-lai, um das Treffen der Topleader der beiden Nationen in Peking für den folgenden Monat zu arrangieren. In der Zeit zwischen diesen beiden Ereignissen wurde der seit langem bestehende Anspruch der Volksrepublik China auf den Sitz in den Vereinten Nationen, den Taiwan innehatte, schließlich erfüllt.

Die historische erste Begegnung zwischen Präsident Richard Nixon, dem überzeugten Antikommunisten, und Mao, dem permanenten Revolutionär, fand am 18. Februar 1972 statt und beendete Chinas Isolation und Politik der geschlossenen Türen. Drei Monate später beschloss Mao anlässlich eines Staatsbesuchs des abgesetzten kambodschanischen Prinzen Sihanouk, die angeschlagene Beziehung zu Chinas erstem Reformer und künftigem Führer Deng Xiaoping zu kitten.

07-01581

Harbin, 23. Mai 1972

Eine riesige Menschenmenge jubelt dem Konvoi des kambodschanischen Prinzen Norodom Sihanouk bei seinem ersten offiziellen Besuch in Harbin zu. Nachdem er im März 1970 durch einen Militärputsch gestürzt worden war, lebte er bis zu seiner Rückkehr nach Kambodscha im Jahr 1975 im Exil in Peking.

Die chinesisch-sowjetischen Beziehungen waren 1969 und Anfang der 1970er Jahre sehr unbeständig und Grenzscharmützel waren an der Tagesordnung, weshalb bewaffnete Grenzstreifen wie diese in der Nähe von Raohe am Wusuli, der die nordöstlichste Grenze Chinas bildet, patrouillierten.

Provinz Heilongjiang, 23. September 1972

V. „IM KAMPF STERBEN“

黑龍江日報

一九七六年九月十日

战无不胜的马克思主义、列宁主义、毛泽东思想万岁！

伟大的、光荣的、正确的中国共产党万岁！

伟大的领袖和导师毛泽东主席永垂不朽！

V.

Als wir Ende 1971 von den 7.-Mai-Kaderschulen zurückkamen, hatte sich das Leben verändert. Die Roten Garden und Lin Biao waren Vergangenheit. Die Massenkritikversammlungen, die Papierhüte, die Schilder – all dies gab es nicht mehr. 1966 wurden die Leute zornig, wenn man ihnen vorwarf, konventionell zu sein. Fünf Jahre später hatte sich die Situation entspannt, man wollte zu Hause bleiben, Kinder aufziehen, die Wohnung einrichten. Der Höhepunkt des roten Sturms war überschritten. Yingxia und ich versuchten, Versäumtes nachzuholen. Zunächst holten wir unseren Sohn Xiaohan von den Großeltern in der Provinz Shandong ab. Er war mittlerweile ein Kleinkind, erinnerte sich nicht an uns und sprach mit einem breiten Shandonger Akzent – ein richtiger Landjunge. Dann, zwei Wochen bevor Mao im Chrysanthemenzimmer in Peking den amerikanischen Präsidenten Richard Nixon empfing, wurde am 6. Februar 1972 unsere Tochter geboren. Wir nannten sie Xiaobing – „über das Eis lachend".

Nach den kalten und einsamen Tagen voll harter Arbeit hatte ich plötzlich eine Familie. Wir lebten alle in einem Zimmer, demselben, in dem ich meine Negative versteckt hatte. Da die Zeit der Hausdurchsuchungen vorbei war, bestand kein Grund mehr, sie länger zu verstecken, und so bewahrte ich sie in einer versperrten Schublade auf. Viele Menschen wurden nun rehabilitiert, auch der ehemalige Besitzer unserer Wohnung, jener Altkader, dem man seinen luxuriösen Lebensstil vorgeworfen hatte. Schließlich wurde ihm die gesamte Villa zurückgegeben und wir mussten ausziehen. Aber wir hatten Glück, fanden eine Zwei-Zimmer-Wohnung und konnten ein neues Leben beginnen.

•

Zwar hatte sich der Wind der Politik gedreht, aber in den Herzen und Gedanken der Menschen hatte sich wenig verändert. Nach der Versammlung „Den Hügel erklimmen" waren bei der Zeitung zwar alle wieder freundlich, doch es war nur Fassade. Ressentiments zwischen alten Gegnern – und sogar Verbündeten – bestanden weiter und wurden manchmal sogar auf deren Kinder übertragen. Misstrauen und Argwohn prägten die Kulturrevolution bis zu ihrem Ende.

Ein Beispiel dafür sind die Geschehnisse rund um meinen Antrag auf Mitgliedschaft in der Kommunistischen Partei. Ich hatte mich erstmals darum bemüht, als ich noch in der Filmschule war. Damals wollte jeder Student Mitglied werden, alle wollten progressiv sein, waren voller Ideale. Auch wenn nur einer der 150 Studenten an meiner Schule Mitglied war, meinte ich doch gute Chancen zu haben, aufgenommen zu werden. Mein Bruder war ein Märtyrer der Revolution, mein Vater Modell-Arbeiter und Parteimitglied, und ich selbst hatte in der Grundschule den Jungpionieren und in der Mittelschule der Kommunistischen Jugendliga angehört. Die Parteibehörde war jedoch der Meinung, dass ich zu sehr nach „persönlichem Ruhm und Gewinn" trachte und wies meinen Antrag ab.

Als ich beim *Heilongjiang Tagblatt* zu arbeiten begann, hätte die Mitgliedschaft in der Kommunistischen Partei auch praktische Vorteile gebracht. Die anderen vier Fotografen der

Die Titelseite des *Heilongjiang Tagblatts* vom 10. September 1976 verkündet den Tod von Mao Tse-tung. Die Schlagzeile lautet: „Ewiger Ruhm dem unsterblichen großen Führer und Lehrer, dem Vorsitzenden Mao."

Li mit seiner Frau Yingxia, Sohn Xiaohan und Tochter Xiaobing in ihrer Wohnung in Harbin (mit Selbstauslöser aufgenommen). 28. September 1972

Zeitung waren älter als ich und allesamt Parteimitglieder, und die Tatsache, dass ich als Nicht-Mitglied keine offiziellen Parteitermine wahrnehmen konnte, beeinträchtigte meine Arbeit erheblich. Selbst nachdem ich Teamleiter geworden war, musste ich noch andere Fotografen beauftragen, große Parteiereignisse wie den Provinzkongress zu fotografieren. Bei diesen Anlässen witzelten einige Fotografen hinter meinem Rücken über mich. Ich fand das keineswegs lustig, sondern demütigend, eine Art politische Diskriminierung. Aus diesem Grund bewarb ich mich nach meiner Rückkehr von der 7.-Mai-Schule erneut um eine Mitgliedschaft.

Damals wurde jeder Antragsteller einer eingehenden Prüfung unterzogen. Die Untersuchungen erstreckten sich auf meine Heimatstadt, die Universität, den Arbeitsplatz, sie betrafen Freunde und Kollegen, die Partei nahm Einsicht in meine Akte. Zum zweiten Mal in meinem Leben wurde ich überprüft. Dann fand ich heraus, dass Liu Hongshan, das jüngste Mitglied des Fotografenteams, die Untersuchung leitete. Ich selbst hatte Liu eingestellt. Er war mit einem der beiden kleinwüchsigen Fotografen, meinem ehemaligen Verbündeten vom Rote-Jugend-Kampfteam, Wan Jiyao, befreundet und arbeitete in einer Nachrichtenabteilung im Bezirk Hulan außerhalb von Harbin. Manchmal machte er Fotos für die Zeitung. Im Juni 1972 sollte er zu einem kommunalen Rundfunksender versetzt werden und bat mich um Hilfe, die ich ihm auch gewährte. Ich gab ihm einen Job beim *Heilongjiang Tagblatt* und arrangierte die Übersiedlung seiner ganzen Familie nach Harbin. Nun dankte er mir meine Freundlichkeit, indem er eifrig gegen mich ermittelte und insgeheim meine Parteimitgliedschaft hintertrieb.

Einen geeigneten Vorwand fand er in der Reise, die mich im Mai 1973 nach Hause zu meinen Eltern geführt hatte. Diese Reise war von besonderer Bedeutung für mich, weil ich auch meinen alten indonesischen Briefmarkentauschpartner aus der Mittelschule, Zeng Qingrui, treffen wollte. Auf meine Ermutigung hin war Qingrui, ein „Übersee-Chinese", Anfang der 1960er Jahre zum Studium nach China gekommen. Nach seiner Promotion bekam er eine Stelle als Lehrer in einer Mittelschule in der Provinz Shandong zugewiesen, etwa 100 Kilometer vom Wohnort meiner Familie entfernt. Wir waren beide sehr aufgeregt. Obwohl wir seit 1957 Briefkontakt hatten, waren wir einander nie begegnet. Da wir befürchteten, uns nicht zu erkennen, ließ ich ihn im Voraus wissen, welche Kleider ich tragen würde. Um mich von der Menge abzuheben, trug ich eine dunkle Sonnenbrille, einen spitzen Hut und eine silberfarbene Kameratasche über der Schulter – damals ein sehr exotisches Outfit. Als ich in dieser Kleidung aus dem Bus stieg, erregte ich einiges Aufsehen. Sah ich nicht aus wie ein Geheimagent? Yingrui erkannte mich lachend, und wir gingen zu ihm nach Hause. Seine Frau, die sich in der Textilfabrik, in der sie arbeitete, einen halben Tag frei genommen hatte, kochte Knödel, und wir verbrachten einige schöne Stunden miteinander.

Da sie im Ausland gelebt hatten, waren Qingrui und seine Frau verdächtig und wurden routinemäßig überwacht. Sofort nach unserer Zusammenkunft wurde er vom Direktor der Mittelschule befragt. Was war das für ein mysteriöses Rendezvous mit einem Fremden, der noch dazu eine Sonnenbrille trug? Wenn er und ich wirklich schon so lange befreundet waren, warum fürchtete er, mich nicht zu erkennen? Als ich einige Tage später zur Zeitung zurückkehrte, erzählte ich meinen Kollegen von dem Treffen. Ich zeigte ihnen sogar Fotos, die ich dabei aufgenommen hatte. Doch Liu, der durch das Komitee, das die Untersuchung für meine Parteimitgliedschaft durchführte, aufgehetzt war, reiste in die Provinz Shandong, um die Ermittlungen fortzusetzen. Er traf Qingruis Vorgesetzten. Er sagte ihm nicht, dass ich, sein Kollege, der Mann mit der Sonnenbrille gewesen war und notierte stattdessen nur die Anschuldigung. Als er zur Zeitung zurückkehrte, berichtete er dem Komitee, dass Li Zenshengs Freund ein „verdächtiges Treffen mit einem Gast aus dem Ausland hatte". Lius Verhalten erinnerte mich an eine Fabel, in der ein Gelehrter namens Dong Guo versucht, einem verwundeten Wolf zu helfen und beinahe gefressen wird. Ich besaß sogar eine Illustration dieser Fabel und legte sie unter die Glasplatte meines Schreibtisches. Als Liu das Bild sah, lief er rot an. Er wusste, was gemeint war. „Du hast kein Recht, beleidigt zu sein", beschwerte er sich. „Wir mussten uns an die korrekte Vorgehensweise halten." „Wenn ich mich an die korrekte Vorgehensweise gehalten hätte", erwiderte ich, „wärst du nicht hier." Mein Ansuchen um Parteimitgliedschaft wurde abgewiesen.

i (zweiter von links) und
ndere Journalisten auf einem
ruppenfoto mit Prinz Norodom
ihanouk und seiner Frau,
önigin Norodom Monineath
Mitte), vor der offiziellen
esidenz ausländischer Würden-
äger in Harbin (Foto: Hu Wie).
5. Mai 1972

Unter der Führung von Premier Tschou En-lai und dem nun rehabilitierten Vizepremier Deng Xiapoing begann sich China Anfang der 1970er Jahre rasch zu erneuern. Was aber nicht das Ende politischer Turbulenzen bedeutete. Den Moderaten wie Zhou und Deng stand eine Gruppe aus Schanghai gegenüber, die die permanente Revolution wollte: Maos Frau Jiang Qing und die anderen drei Radikalen Zhang Chunqiao, Yao Wenyuan und Wang Hongwen – die Viererbande. Ende 1973 wurde eine neue Kampagne gestartet, um Lin Biao und Konfuzius als reaktionäre Feudalisten zu kritisieren. Doch nur wenige Menschen waren wirklich dafür zu begeistern. Die meisten haben es meines Erachtens als das genommen, was es war: ein berechnender Versuch von Jiang Qing, Tschou En-lai zu stürzen. Zhou war aber im Gegensatz zu Jiang sehr populär. Ich wage zu behaupten, dass nicht ein Mensch in China sie mochte – nicht einmal Mao.

Li fotografiert die „revolutionäre Oper" *Ode an den Berg Yimeng*, die vom Zentralen Ballettensemble Peking im Bezirk Acheng, Provinz Heilongjiang, am 23. Juli 1975 aufgeführt wird. Seine Anwesenheit auf der Bühne während der Vorstellung *Das weißhaarige Mädchen* etwas später an diesem Tag erregte den Unmut von Maos Frau Jiang Qing (Foto: Wang Hongben).

Maos Frau war nicht nur rachsüchtig und machtgierig, sondern auch ziemlich dumm. So wollte sie beispielsweise, dass die Amerikaner anlässlich von Nixons Besuch sahen, dass die Chinesen ihre eigenen Produkte verwendeten und instruierte alle Fotografen, eine in China hergestellte Kamera der Marke „Rote Fahne" zu verwenden. Die Kamera war eine Leica-Imitation. Das Problem dabei war, dass sie nicht besonders gut funktionierte, und niemand riskieren wollte, dass die Fotos von diesem historischen Besuch misslängen. Die Konsequenz? Alle Fotografen hängten sich demonstrativ die Rote-Fahne-Kamera um, verwendeten aber ihre Leicas.

Jiang Qing war auch der Anlass für einen der Augenblicke höchster Angst, den ich während der Kulturrevolution erlebte. Es geschah im Juli 1975, als ich in den Bezirk Acheng reiste, um eine Aufführung der Modell-Oper *Das Weißhaarige Mädchen* des Zentralen Ballettensembles von Peking zu fotografieren. Mehr als 50 000 Menschen verfolgten das Ballett von einem Hügel aus. Während der Vorführung wagte ich mich zur Mitte der Bühne vor, um ein Foto von zwei Balletttänzern mit der Menschenmenge im Hintergrund zu machen. Das Bild gelang, doch als ich die Bühne verlassen hatte, empörte sich der Intendant. Ich wurde sehr nervös. Die Ballettproduktion wurde von Jiang, der „Fahnenträgerin der revolutionären Künste", persönlich betreut, und der Ensembleleiter hatte ihr jeden Abend telefonisch Bericht zu erstatten.

An diesem Abend ging ich zu Wang Shuangyin, dem stellvertretenden Direktor des Kulturbüros von Heilonjiang, welches das Ensemble engagiert hatte. Er war zugleich der Komponist der „Hymne an den Roten Steuermann". Er war ein alter Freund und versprach, mir zu helfen. Am nächsten Morgen frühstückte er mit dem Ensembleleiter. Ja, Wang hätte herausgefunden, dass dieser bereits mit Madame Mao gesprochen hatte, und die Frau des Vorsitzenden sei in der Tat sehr erbost. Sie meinte, dass ich durch meine Präsenz auf der Bühne der revolutionären Modelloper eine weitere Figur hinzugefügt und sie dadurch „sabotiert" hätte: eine sehr schwerwiegende politische Anschuldigung. Sie teilte dem Ensembleleiter mit, dass dieser rücksichtslose Fotograf gefeuert und aus der Partei ausgeschlossen werden müsse. Der Ensembleleiter äußerte Wang gegenüber, dass er es nicht wagen würde, Anweisungen von Jiang Qing nicht auszuführen. Zu meinem Glück gelang es Wang, ihn zu beruhigen. „Du hast mir den Vorfall gemeldet und bist nicht weiter verantwortlich. Du hast deine Aufgabe erfüllt. Da das Provinzkomitee mich gebeten hat, das Gastspiel des Ensembles zu überwachen, bin ich für alles Weitere zuständig. Ich weiß, wie mit solchen Situationen umzugehen ist."

Doch so infam sie auch war, trägt Jiang Qing, so meine persönliche Meinung, nicht die alleinige Verantwortung für die Ausschreitungen der Kulturrevolution. Sie war eigentlich nur eine Handlangerin. „Ich war der Hund des Vorsitzenden Mao", hat sie einmal gesagt. „Wenn er sagte ‚beiß', habe ich gebissen."

•

In meiner Jugend, als ich noch in dem Dorf in der Provinz Shandong lebte, förderte mein Großvater meine Bildung. Er war mein erster wirklicher Lehrer, besaß viele Bücher, und ich erinnere mich, dass ich zu Beginn meiner Ausbildung *San Zi Jing* – ein Buch mit alten Weisheiten, die alle aus nur drei Schriftzeichen bestehen – auswendig lernen musste. Ich erinnere mich noch an die erste: „Geboren wird man mit einem freundlichen Herzen". Dahinter steht der Gedanke: Das Böse im Menschen entwickelt sich erst mit der Zeit, soziale und politische Umwälzungen können den menschlichen Charakter verändern. Deshalb glaube ich auch nicht, dass die Roten Garden bzw. Studenten brutal veranlagt waren. Die Mädchen und Burschen etwa, die den Kopf des Gouverneurs rasierten, waren sehr jung, Teenager noch. Sie gehorchten Mao, befolgten seinen Aufruf. „Eine Revolution ist kein Partyspaß", sagte er, „sie ist ein gewalttätiger Akt, bei dem eine Klasse eine andere stürzt."

.i vor Maos Geburtshaus in
ihaoshan in der Provinz Hunan
Foto: Tang Dabai). 3. Juni 1972

Meine Generation hatte die Säuberungsaktionen gegen die Grundbesitzer oder die Kampagne gegen Rechtsabweichler in den 1950er Jahren nicht miterlebt. Wir waren in der Kommunistischen Partei aufgewachsen, und man hatte uns glauben gelehrt, dass es ohne Mao kein neues China gäbe, dass er uns von der alten Gesellschaft befreit hatte und es ihm nur um das Glück und Wohlergehen der Menschen ging. Er aber missbrauchte uns. Er berief sich nicht auf den alten gegen Chiang Kai-shek gerichteten Slogan „Rebellion ist berechtigt", um Macht zu gewinnen, er hatte sie ja schon. Er verwendete ihn gegen sein eigenes Regime, um Präsident Liu Shaoqi zu stürzen. Das war die eigentliche Wurzel der Kulturrevolution.

Doch um den Präsidenten zu stürzen, hätte Mao nicht die Massen mobilisieren müssen. Hätte er menschlicher gedacht, wäre *alles* anders geworden – China, ja die Welt. Er vergaß seine bescheidene bäuerliche Herkunft, die Humanität, die er in seinen Schriften beschwor, und brachte Leid über ganz China. Auf eine Weise hat auch er gelitten. Ja, auch Mao war ein Opfer der Kulturrevolution, denn der Flächenbrand, den er entfachte, hat auch vor ihm nicht Halt gemacht. Als er starb, hatten die meisten bereits erkannt, dass die Kulturrevolution eine Katastrophe war. Es gibt ein Sprichwort: „Wer einen großen Felsen hochhebt, dem fällt er auf den eigenen Fuß." Hätte es in China Meinungsumfragen gegeben, so hätten sie gezeigt, dass Maos Popularität zu dieser Zeit bereits sehr gering war.

Heute, nach zwei Jahrzehnten Reformpolitik, sind die Menschen in China emanzipiert. Sie denken eigenständig. Das war damals nicht der Fall. Damals bekämpften Mittelschüler einander bis auf den Tod und zogen es vor, mit dem Ruf „Lang lebe der Vorsitzende Mao" von Dächern zu springen, bevor sie kapituliert hätten. Damals gab das Postamt eine Briefmarke mit dem Porträt eines heroischen Jugendlichen namens Jin Xuanhua heraus – einer der vielen aufs Land „Hinuntergeschickten" –, der starb, als er versuchte einen Strommast aus einem reißenden Fluss zu retten – tapfer, aber sinnlos.

•

Ich glaube an objektive Wahrheit, Aberglaube ist mir eigentlich fremd. Dennoch erschienen mir die katastrophalen Ereignisse von 1976 Unheil verkündend. Am 28. Juli erschütterte China das schlimmste Erdbeben der Geschichte, bei dem die Stadt Tangshan in der Provinz Heibei zerstört wurde und eine Viertelmillion Menschen ums Leben kam. Im selben Jahr starben auch die drei wichtigsten Männer meines Lebens: als Erster unser verehrter Führer, Premier Tschou En-lai, der am 8. Januar dem Krebs erlag, dann mein Vater, der am 19. Februar an einer Herzkrankheit starb und schließlich, am 8. September 1976, Mao Tse-tung.

Mao war 83 Jahre alt, und jeder wusste, dass er im Sterben lag. In der Wochenschau sahen wir, wie er gealtert war und ihm Speichel über das Kinn lief. Meine Freunde in der Nachrichtenagentur Xinhua, die zum Chrysanthemenzimmer geschickt wurden, um Aufnahmen von Mao in seinen letzten Tagen zu machen, sagten mir, dass niemand Blitzlicht verwenden durfte und eine Spezialbeleuchtung eingesetzt wurde, um die Augen unseres Führers nicht zu blenden. Niemand lebt ewig. Die Parteimitglieder waren die ersten, die über Maos Tod verständigt wurden. Dann wurde das Volk über Radio und Zeitungen informiert. Die meisten hatten noch keinen Fernseher. Ich hörte die Nachricht in der Zeitungsredaktion. In diesem Augenblick habe ich eigentlich nichts gefühlt, soweit ich mich erinnern kann.

Bei Maos Begräbnis habe ich bewusst darauf geachtet, ob jemand wirklich trauerte. Man spielte den Trauermarsch und tat alles, um eine feierliche Stimmung zu erzeugen, ich konnte aber nur eine einzige grau gekleidete Frau entdecken, auf deren Mantel Tränen zu sehen waren. Obwohl sie vorgab, traurig zu sein und die anderen glauben machen wollte, dass sie weinte, konnte ich keine weiteren Tränen entdecken. Dann bemerkte ich einen Modell-Arbeiter,

Das große Foto (unten) wurde im Dezember 1974 im *Heilongjiang Tagblatt* im Rahmen eines Fotoessays über ein Bewässerungsprojekt im Bezirk Shuangcheng veröffentlicht. Das Gelände wurde von Liu Guangtao (Mitte, mit Stern am Hut), dem Ersten Sekretär des Provinz-Parteikomitees und Direktor des Revolutionskomitees der Provinz, und seinem Stellvertreter Yang Yichen (links von ihm) inspiziert. Li gelang kein Bild, auf dem beide Honoratioren bei der Begrüßung der lokalen Parteiführer zu sehen waren. Die Herausgeber forderten ihn auf, zwei Fotos zu einem Bild zu montieren (unten). Durch eine zusätzliche Retusche sollte die Szene „echter und optimistischer" erscheinen.

den ich einmal interviewt hatte. Ich sprach ihn an: „Meister Su, wir sind alle sehr traurig über den Tod des Vorsitzenden Mao. Darf ich ein Foto von Ihnen machen, wie Sie weinen, um zu zeigen, dass Sie ihn sehr vermissen?“ Er antwortete, „Ich verstehe Ihre Absicht. Ich bin wirklich sehr traurig über den Tod des alten Mannes und habe tatsächlich gerade noch geweint.“ Doch obwohl ich lange wartete, während er versuchte, noch einige Tränen hervorzupressen, wollte es ihm nicht gelingen, und ich bekam nur ein Bild von seinem tränenlosen, traurigen Gesicht.

Welcher Unterschied zu den Gefühlen des chinesischen Volks für Tschou En-lai! Als Tschou starb, erließ das Zentralkomitee den Befehl, dass nirgendwo in China Gedenkstätten errichtet werden dürfen. Die Menschen in Peking ließen sich aber nicht davon abhalten und errichteten eine Gedenkstätte auf dem Tiananmen-Platz. Tschou hatte persönlich gelitten, um

zu verhindern, dass die Katastrophe noch schlimmere Ausmaße annahm, und viele hatten eine sehr hohe Meinung von ihm. In der Zeitungsredaktion hatten einige ehemalige Mitglieder des Roten Jugend-Kampfteams und ich ein Bild von ihm aufgehängt, das wir aus einer Zeitung ausgeschnitten hatten. Schließlich überredete uns der Armeevertreter, es abzunehmen. Als Zhou starb, hatten die meisten Menschen das Gefühl, dass China eine seiner tragenden Säule verloren hatte, während sie bei Mao einfach nur sagten: „Jetzt ist er also tot!"

•

Es war typisch für diese Zeit, dass viele gezwungen waren, Dinge zu tun, für die sie sich später schämten – so auch ich. Ich erinnere mich insbesondere an einen Vorfall, der sich ereignete, als ich im Januar 1967 nach Peking fuhr, um die Frage zu klären, welches die wahre Rebellengruppe sei; damals erhielt ich die Armbinde des Roten Nachrichten-Soldaten. Die Sitzung fand im Nationalen Hauptquartier der Roten Rebellen in den Nachrichtenmedien statt, in einem einstöckigen Gebäude mit Hof im Peking-Stil. In einem der Zimmer traf ich auf den Vertreter der rivalisierenden Gruppe Xue Yunfu. Xue war Redakteur in der Abteilung für Politik und Erziehung bei der Zeitung, zehn Jahre älter als ich und ganz in Ordnung. Doch während der Verhandlung meinte er zu dem Beamten aus dem Hauptquartier: „Ich schwöre bei meiner Ehre, dass wir die wahre Rebellengruppe sind." Dies machte mich wütend und ohne weiter zu überlegen, griff ich in meine Tasche und zog einen *Fen* hervor. „Ihre Ehre ist weniger wert als dieser *Fen!*", rief ich sarkastisch. Um ihn endgültig zu desavouieren, warf ich die Münze durch die offene Tür in den Hof. Xue war perplex, errötete und stand sprachlos da, was mich mit einer gewissen Befriedigung erfüllte.

Li telefoniert in seinem Büro beim *Heilongjiang Tagblatt* in Harbin (mit Selbstauslöser aufgenommen). 5. August 1975

Ich denke, wir müssen versuchen, durch ernsthaftes Nachdenken jenen Gerechtigkeit widerfahren zu lassen, die gequält wurden. Ich möchte der Welt zeigen, was während der Kulturrevolution wirklich geschah – wie diese Bewegung die Menschen gegeneinander aufbrachte, die doch eigentlich nur überleben wollten, und dass wir alle Opfer waren: die Geschlagenen und die Getöteten, aber auch jene, die den anderen Leid zufügten. Es mag „ein wenig bourgeois" klingen, aber ich denke, dass die Menschen Freundlichkeit und Ehrlichkeit brauchen – nicht nur Klassenkampf. Eine Revolution muss nicht schlecht sein, wenn das Ziel darin besteht, den Einzelnen so weit zu befreien, dass er sein Potenzial verwirklichen kann. Während der Kulturrevolution galt dieses Ziel jedoch als „zu erfolgsorientiert". Nach außen hin habe ich dem vielleicht zugestimmt, in Wirklichkeit aber habe ich immer Erfolg gesucht, obwohl viele – die Roten Garden, meine Vorgesetzten, sogar meine Kollegen – mich davon abzubringen versuchten. Sie alle dachten, ich wäre nur jemand, der der Partei den Gehorsam verweigern wollte. Doch auch noch mehr als 30 Jahre später zeigen meine Fotos das wahre Gesicht der Kulturrevolution. Und sie entstanden aus demselben Grund, aus dem ich nie Mitglied der Kommunistischen Partei werden konnte: weil ich eine rebellische Natur bin. Immer entschied ich selbst, folgte meinem Willen. Und wenn ich etwas erreicht habe, sowie etwa diese Fotografien, dann nur deshalb, weil ich immer meinen eigenen Weg gegangen bin.

•

Am 6. Oktober 1976, etwa einen Monat nach Maos Tod, zerschlug das Zentralkomitee der Partei in Peking unter der Führung von Hua Guofeng die Viererbande. Ich erinnere mich deutlich an den Tag, an dem die Nachricht offiziell verbreitet wurde. Ich war in meinem Büro und unbeschreiblich glücklich. Wir alle waren glücklich. Der Sturz der Viererbande bedeutete, dass die Kulturrevolution vorüber war, der Wahnsinn ein Ende hatte. Diese radikale Bande, verantwortlich für so viele unvorstellbar grausame Taten, war endlich im Gefängnis.

An diesem Nachmittag hat sich die Belegschaft der Zeitung in einem Café zu einer Feier versammelt. Die Stimmung war euphorisch. Zehn Jahre der Angst und Unsicherheit lösten sich in spontane Freude auf. Wir lachten und umarmten uns. Wir stießen an und tranken, die Stimmung war sehr emotional. Am Ende waren wir alle ziemlich betrunken.

Damals waren Yingxia und ich bereits in unsere neue Wohnung übergesiedelt, die in unmittelbarer Nähe der Zeitung war. Nach der Arbeit holte Yingxia unsere Tochter Xiaobing vom Kindergarten ab, und wir trafen uns im Büro, um gemeinsam nach Hause zu gehen. Xiaobing war damals vier Jahre alt und eine echte Schönheit. Die Kindergärtnerin nannte sie Doudou – „kleine Bohne".

.i (links) während der Grabrede ür Mao, die Liu Guangtao, der ;rste Parteisekretär des Parteiomitees und Leiter des Revoluionskomitees der Provinz bei der ;edenkfeier im Volksstadion von Iarbin hält (Foto: Xu Wanyu). 8. September 1976

滨市追悼伟大领袖和导师毛泽东主席大会

Ich erinnere mich, dass es den ganzen Tag über schneite. Eine weiße Schicht aus pulvrigem Schnee und Eis bedeckte die Straße. Ich tanzte durch die Straßen. Die Menschen, die uns begegneten, lachten über mich, aber freundlich – sie kannten den Grund für meine Fröhlichkeit. Dann, wir waren noch einen Häuserblock von unserer Wohnung entfernt, bat mich Yingxia, Xiaobing über die Straße zu tragen, da es sehr rutschig war. Ich nahm sie hoch, aber in meinem Überschwang wandte ich zu viel Kraft an und sie flog über meine rechte Schulter.

Einen Moment lang stand ich da, die Arme vor mir ausgestreckt, leer. Dann hörte ich Yingxia schreien, und ich wirbelte herum, Xiaobing flog durch die Luft, überschlug sich und landete mit einem dumpfen Geräusch auf dem Rücken im Schnee. Sofort begann sie zu weinen. Mit einem Schlag war ich

Li mit seiner Tochter Xiaobing in seinem Büro beim *Heilongjiang Tagblatt* (mit Selbstauslöser aufgenommen). 12. Juli 1976

nüchtern. Yingxia und ich zogen ihr rasch den Mantel aus und schauten nach, ob sie verletzt war, kein einziger Kratzer – noch ein letzter Moment des Schreckens, gewissermaßen ein Abschiedsgeschenk der Kulturrevolution.

Yingxia starrte mich an. „Wenn ich ein Messer hätte, ich würde dich töten", sagte sie. Seither erinnert sie Xiaobing oft an diesen Tag. „Doudou", fragt sie, „erinnerst du dich an den Tag, als wir den Sturz der Viererbande und das Ende der Kulturrevolution gefeiert haben?" Und ich füge lachend hinzu: „Den Sturz, den du Hals über Kopf nachvollzogen hast!"

1972–1976

1972 wurde China zwischen zwei gegensätzlichen Ideologien aufgerieben, die von einer radikalen und einer moderaten Fraktion vertreten wurden. Auf der einen Seite stand die vielgehasste Frau des Vorsitzenden Mao, Jiang Qing, die „weißknöchrige Dämonin", die einen endlosen Klassenkampf versprach, auf der anderen Seite fanden sich die schwer geprüften Befürworter von Modernisierung und Mäßigung, Tschou En-lai und Deng Xiaoping, die dem ein Ende setzen wollten. Der Kampf zwischen den beiden Fraktionen um die Bedeutung und das Erbe der Kulturrevolution sollte die letzten vier Jahre von Mao Tse-tungs Leben bestimmen.

Lin Biaos Verrat, der Besuch von Richard Nixon, Deng Xiaopings Rückkehr an die Macht – die dazu führte, dass er 1974 das Außenministerium von Tschou En-lai übernahm – sowie Maos scharfe Zurechtweisung Jiang Qings im selben Jahr, weil sie eine ultralinke Clique, die Viererbande formiert hatte, all dies verwies auf eine entscheidende ideologische Umkehr. Bezeichnenderweise kehrte Deng erst ins öffentliche Leben zurück, nachdem er einen Brief an den Vorsitzenden geschrieben hatte, in dem er die Kulturrevolution pries und die Beschuldigungen, die die Partei gegen ihn erhoben hatte, anerkannte. Denn Mao hatte Jiang Qing und die Radikalen nicht wirklich entmachtet. Jiang bestimmte nach wie vor den sozialistischen Kulturbegriff und auch die „Anti-Lin-Biao-, Anti-Konfuzius-Kampagne" des Jahres 1974 – ein kaum verhohlener Angriff auf Tschou En-lai – sowie die folgende Kampagne gegen Deng Xiaoping im Jahr 1976 waren zum großen Teil das Werk ihrer Fraktion. Ein weiterer Schlag gegen die Modernisierer war das Programm der „Barfußärzte" auf dem Land, das die modernen Spitäler und Spezialisten im westlichen Stil ersetzen sollte.

Zwar hatte Mao dem Radikalismus der Kulturrevolution nie abgeschworen, doch schmiedete er auch keine Pläne, um sie in die Zukunft hinüber zu retten. Er verachtete seine Frau und hielt sie für machtgierig und gefährlich, sein sorgsam ausgewählter Nachfolger Hua Guofeng war im Gegensatz zu ihr ein relativ schwacher und kaum bekannter Mann der Mitte. Hua ließ keinen Zweifel daran, welchen Weg China nach Maos Tod einschlagen sollte. Kaum einen Monat später befahl er die Festnahme von Jiang Qing, Wang Hongwen, Zhang Chunqiao und Yao Wenyuan –, die die Viererbande zerschlug und die Revolution, aus der sie hervorgegangen war, beendete.

Harbin, Provinz Heilongjiang, 8. März 1973

Junge Pioniere im Auditorium des Nord-Plaza-Hotels begrüßen Vertreter der Konferenz Fortschrittlicher Arbeitsgruppen und Modell-Arbeiter in Heilongjiang.

1973 hatten straff organisierte Versammlungen im Auditorium das Chaos plündernder Rebellenfraktionen auf der Treppe vor dem Nord-Plaza-Hotel abgelöst. Im Bild: Die Heilongjianger Konferenz der Fortschrittlichen Arbeitsgruppen und Modell-Arbeiter des Sozialismus.

伟大的领袖
毛主席万岁！

Harbin, 8. März 1973

社会主义先进集体
劳动模范代表大会

伟大的中国
共产党万岁！

Harbin, 10. März 1973

Die Leiter des Revolutionskomitees von Heilongjiang, unter ihnen der neue Erste Parteisekretär Liu Guangtao (dritter von rechts), empfangen Vertreter der Provinz-Konferenz der Fortschrittlichen Arbeitergruppen und Modellarbeiter im Nord-Plaza-Hotel.

Die Modell-Arbeiterin Guo Fenglian, eine der so genannten „Eisernen Frauen", besucht einen Luftschutzbunker in Mudanjiang (17. März 1973, unten). In der Inneren Mongolei besucht ein „Barfußarzt" Patienten – einer von Millionen Ärzten, die der linke Flügel als Gegenprogramm zu Spitälern westlichen Stils beschäftigte (30. März 1973, unten). In einem Zug, der von Qiqihar nach Peking fährt, werden die Passagiere dazu angehalten, Parolen der „Anti-Lin-Biao, Anti-Konfuzius"-Kampagne zu singen (8. März 1974, rechte Seite).

把批林批孔的斗争进行到底！

Harbin, 19. November 1974

Bemüht, die Wirtschaft nach einem Jahrzehnt sozialer Unruhen wieder aufzubauen, förderte Mao allmählich internationale Handelsbeziehungen. Hier diskutieren Arbeiter in einer Schuhfabrik in Harbin über die Entwicklung neuer Schuhmodelle, die den Marktbedürfnissen Rechnung tragen.

Mitte der 1970er Jahre machte sich China gemäß Maos Aufruf zu „Einheit, Stabilität und Entwicklung" daran, die Wirtschaft wieder aufzubauen, die nach einem Jahrzehnt sozialer Unruhen in Trümmern lag. Selbst politische Feinde – die Radikalen, repräsentiert durch Jiang Qing und die Viererbande, und die Moderaten, vertreten durch Tschou En-lai und Deng Xiaoping – schienen sich über die Notwendigkeit einer wirtschaftlichen Erneuerung einig zu sein. Die beiden Lager hatten jedoch unterschiedliche Vorstellungen, mit welchen Mitteln dieses Ziel zu erreichen war. Tschou En-lai und Deng Xiaoping wollten mit Hilfe von Fremdkapital und Technologie die „Vier Modernisierungen" von Industrie, Landwirtschaft, Wissenschaft / Technologie und Militär durchführen. Die Radikalen hingegen plädierten für eine Wiedereinführung der Prinzipien des Großen Sprungs nach vorn, eine Neubelebung des Kommunensystems sowie eine Erhöhung der Produktion im Geiste der „Eigenverantwortung".

Im Großen und Ganzen gewannen die Moderaten die Oberhand. Die Kampagne zur „Kritik am Revisionismus und zur Verbesserung des Arbeitsstils" des Jahres 1972 hatte viele Kader an die Macht zurückgebracht, die aufgrund ihrer vermeintlichen Opposition gegen die extremistische Polemik des Großen Sprungs nach vorn und die Kulturrevolution Opfer von Säuberungen geworden waren. Darüber hinaus hatten die neuen Vereinbarungen mit dem Westen nach Richard Nixons Chinabesuch eine Intensivierung des internationalen Handels zur Folge. Doch die Radikalen ließen sich nicht so leicht von der politischen Bühne verdrängen. Ihre Macht beruhte auf der Angst des Vorsitzenden, dass die gesamte Kulturrevolution und auch er selbst durch den Prozess der Liberalisierung diskreditiert würden. Nun, vor dem Hintergrund von Maos angegriffener Gesundheit – 1974 wurde amytrophe Lateralsklerose diagnostiziert – machten sich Jiang Qing und ihre Viererbande daran, ihre Machtbasis zu stärken und attackierten erneut die Machthaber, die den kapitalistischen Weg gingen sowie die „Verehrung aller westlichen Dinge".

„Gebildete Jugendliche“ und lokale Bauern pflügen und bewässern gemeinsam den gefrorenen Boden, um ihn für die Bepflanzung vorzubereiten.

抗风雪战严寒改土增肥夺高产

Kommune Chaoyang, Bezirk Shuangcheng, 17. Dezember 1974

Kommunen Handian und Chaoyang, Bezirk Shuangcheng, 17. Dezember 1974

auern brechen im Norden
eilongjiangs gefrorene Felder
uf (linke Seite), während Arbei-
erinnen-Teams Karren voller
chlamm heranbringen, um den
alzhaltigen Boden zu düngen.

Nach einem Jahrzehnt des Chaos ist das Leben in Chinas Landregionen unverändert hart. Hier trägt eine schwangere Frau gefrorene Erdschollen bei der jährlich stattfindenden gemeinsamen Aktion der Bevölkerung zur Revitalisierung des trockenen Bodens.

Kommune Handian, Bezirk Shuangcheng, 18. Dezember 1974

Bauern und vorwiegend weibliche „gebildete Jugendliche" aus den Städten bringen Erde aus Schlammfeldern herbei, um den Salzgehalt des Bodens zu reduzieren und ihn für die Pflanzung vorzubereiten.

Kommune Xiqin, Bezirk Shuangcheng, 19. Dezember 1974

Jiang Qing hatte mit ihren gezielten Attacken gegen das Stück *Hai Ruis Entlassung* die Kulturrevolution Mitte der 1960er Jahre ausgelöst und dominierte den Kulturbereich noch lange, nachdem die politische Macht der Ultralinken bereits im Schwinden war. Sie kämpfte bis zuletzt um ihren Einflussbereich, sodass die Kulturrevolution letztlich tatsächlich ein Kampf um die Kultur war.

Wichtigstes Mittel zur Verwirklichung ihrer Bestrebungen waren die acht „Modellopern". Die vor Millionen Menschen in ganz China aufgeführten Opern waren jeweils als Lektion über die Übel der alten Gesellschaft gedacht, denen das neue „Reich roter Tugend" gegenübergestellt wurde. Eine der bekanntesten Opern, *Das weißhaarige Mädchen*, erzählt die Geschichte einer jungen Bäuerin namens Xier, die vor ihrem bösen Grundherren flieht und jahrelang unter freiem Himmel leben muss – heiße Sommer und eisige Winter lang, die ihr schwarzes Haar geisterhaft weiß werden lassen. Gleichsam als Double von Jiang Qing hebt Xier in der Oper die Faust zum Himmel und ruft: „Ich bin Wasser, das nicht getrocknet, Feuer, das nicht gelöscht werden kann. Ich werde leben! Und die Rache ist mein!"

Jiang sollte noch ein Comeback auf der politischen Bühne erleben, nachdem der Tod von Tschou En-lai im Jahr 1976 eine spontane Trauerkundgebung in Peking ausgelöst hatte. Am 5. April setzten sich zehntausende Menschen über eine nationale Order hinweg und strömten auf den Tiananmen-Platz, um vor dem Monument des Unbekannten Volkshelden einen Schrein aus Kränzen zu errichten. Der Vorfall, eine implizite Kritik an Mao und der Politik der Kulturrevolution, wurde Deng Xiaoping angelastet, der zwei Tage danach seines Amtes enthoben wurde. Jiang war treibende Kraft bei der Organisation der darauf folgenden Kampagne gegen Deng Xiaoping, ihr Triumph war aber nur von kurzer Dauer. Der neue Parteivorsitzende Hua Guofeng ließ Jiang Qing und den Rest der Viererbande drei Wochen nach Maos Tod inhaftieren. Jiang entging knapp der Hinrichtung und verbrachte die folgenden 15 Jahre im Gefängnis. Wie so viele ihrer Opfer vor ihr erhängte sie sich 1991, an Krebs leidend, im Alter von 77 Jahren.

Ballettversion der Stücks *Das rote Frauenbataillon*, eine von Jiang Qings acht „Modellopern", in einer Aufführung des Nationalen Ballettensembles von Peking.

Daqing, 20. Juli 1975

Bezirke Acheng und Shangzhi, 23. Juli–1. September 1975

Das Nationale Ballettensemble von Peking bei einer Aufführung des *Weißhaarigen Mädchens*, einer von Jiang Qings acht „Modellopern", vor lokalen Bauern der Kommune Yuqan (linke Seite). Ein junges Mädchen, das der koreanischen Minderheit angehört, auf einer Wippe während der jährlichen Bezirksfestspiele in der Kommune (oben).

„Gebildete Jugendliche" und lokale Bauern der Produktionsbrigade Xingang bei der Arbeit an einem Terrassenbewässerungsnystem für trockene Felder.

Kommune Xinsheng, Bezirk Baiquan, 10. November 1975

Ein ausschließlich aus Frauen bestehendes Milizkommando patrouilliert durch das schneebedeckte Forstzentrum Hufeng, etwa 120 Kilometer südöstlich von Harbin.

Bezirk Shangzhi, 16. Februar 1976

声讨邓小平的罪行

Harbin, 9. April 1976

Nach Maos Entscheidung, Deng Xiaoping all seiner öffentlichen Ämter zu entheben – seiner Meinung nach war er für die spontanen und nicht genehmigten Trauerkundgebungen nach Tschou En-lais Tod verantwortlich – , versammeln sich Soldaten der VBA im Volksstadion von Harbin (ehemals Roter-Garden-Platz). Sie tragen Banner, auf denen sie „entrüstet die Verbrechen Deng Xiaopings anprangern“.

Kommune Hedong, Bezirk Shangzhi, und Daqing, 18.–22. Juni 1976

Der wirtschaftliche Wiederaufbau umfasste sowohl die traditionelle Landwirtschaft als auch die Industrie. Hier pflanzen Bauern der koreanischen Minderheit in China Reissetzlinge (linke Seite). Wissenschaftler experimentieren im Forschungszentrum von Daqing, um die Fördermenge von Chinas größten Ölfeldern zu erhöhen (unten).

，努力攀登科学高峰。

Ein Studiofotograf aus der Bezirkshauptstadt macht mit einer 8 x 10 Balgenkamera ein offizielles Gruppenfoto der „gebildeten Jugend“ auf der Yinlonghe-Farm, wo der „Stoßtrupp der Jugend“ (wie auf der Fahne zu lesen ist) beim Bau eines kleinen Damms zur Regulierung der Bewässerung mitwirkt.

Bezirk Beian, 25. Juni 1976

„Das Zentralkomitee der Kommunistischen Partei Chinas, das Ständige Komitee des Nationalen Volkskongresses der Volksrepublik China, der Staatsrat der Volksrepublik China und das Militär der Kommunistischen Partei Chinas verkünden mit tiefster Trauer der gesamten Partei, der gesamten Armee, dem Volk und allen Nationalitäten im ganzen Land:

Genosse Mao Tse-tung, der verehrte und geliebte Große Führer unserer Partei, unserer Armee und des Volkes und aller Nationalitäten in unserem Land, der Große Lehrer des internationalen Proletariats und des unterdrückten Volkes, der Vorsitzende des Zentralkomitees der Kommunistischen Partei Chinas, der Vorsitzende der Militärkommission des Zentralkomitees der Kommunistischen Partei Chinas und Ehrenvorsitzende des Nationalkomitees der Konsultativen Konferenz des chinesischen Volkes ist am 9. September 1976 um 0.10 Uhr in Peking den Folgen seiner Krankheit erlegen, obwohl ihm jede denkbare medizinische Hilfe zuteil wurde.

Offizielle Todesanzeige von Mao Tse-tung, die weltweit von der Nachrichtenagentur Xinhua am 9. September verbreitet wurde.

袖和导師毛泽東主席

Fünf Tage nach Maos Tod bereiten Arbeiter der Fabrik für Kunsthandwerk in Harbin Kränze für die offizielle Gedenkfeier der Stadt vor.

Harbin, 14. September 1976

Am 15. September versammeln sich die Parteibeamten in der Trauerhalle des Amtsgebäudes des Parteikomitees von Heilongjiang (unten). Am folgenden Tag führt Leng Pengfei, ein Held der Kämpfe um die Zhenbao-Insel am Grenzfluss Wusuli, den Trauermarsch der Truppen an (rechte Seite, oben). Eine Frau weint im Volksstadion während der offiziellen Trauerfeier am 18. September (rechte Seite, unten).

伟大的领袖和导师毛泽东主席永垂不朽！

Harbin, 15.–18. September 1976

继承毛主席的遗志将革命进行到底！

Die Menschenmenge betritt das Volksstadion von Harbin, um der Gedenkfeier der Stadt für Mao beizuwohnen. Auf den Plakattafeln ist zu lesen: „Befolgt Maos letzten Willen: Führt das Werk der Proletarischen Revolution zu Ende“ (links) und „Der Große Führer und Lehrer, der Vorsitzende Mao Tse-tung wird in unseren Herzen für immer weiterleben“ (rechts).

继承毛主席的遗志，把无
产阶级革命事业进行到底！

Harbin, 18. September 1976

伟大的领袖和导师毛泽东主席永垂不朽！
伟大的领袖和导师毛泽东
主席永远活在我们心中！

Hunderttausende versammeln sich im Volksstadion von Harbin, wo sie um den Vorsitzenden Mao trauern.

Harbin, 18. September 1976

Harbin, 18. September 1976

Während der Gedenkfeier für Mao erweisen Parteiführer der Provinz, von denen manche auf dem Höhepunkt der Kulturrevolution denunziert worden waren, dem verstorbenen Parteivorsitzenden Respekt: Von links nach rechts: Wang Yilun (sechster von rechts), Yu Hongliang, Ren Zhongyi, Liu Guangtao, Zhang Lianchi, Yang Yichen, Li Lian, You Haoyang, Xia Guangya und Li Jianbai.

Verglichen mit den spontanen Trauerkundgebungen nach dem Tode Tschou En-lais ein halbes Jahr davor oder mit dem Jubel über die Verhaftung der Viererbande rief Mao Tse-tungs Tod verhaltene Reaktionen hervor. Nach den Jahren des Chaos wurde der Held der Revolution und Begründer des modernen China nicht mehr als Gott oder Mythos verehrt, sondern als nur allzu menschlicher Führer betrachtet, dessen Popularität im Schwinden war.

Doch Mao blieb öffentliche Kritik, wie sie nach dem Tod von Josef Stalin in der Sowjetunion einsetzte, erspart. Einer der Gründe dafür war, dass Mao nicht von der Kommunistischen Partei zu trennen war – Mao war die Partei. Ähnlich war es nicht möglich, die Partei von der Kulturrevolution zu trennen, die sie mitausgelöst hatte. Die Folge davon war ein Volk von stummen Komplizen und Opfern, die oft beides zugleich waren. Still und heimlich kehrten die Kader, die Säuberungsaktionen zum Opfer gefallen waren, in den kommenden Jahren an die Macht zurück, wobei viele von Deng Xiaoping rehabilitiert wurden, der 1977 die Macht übernahm.

Deng, der drei Mal Opfer von Säuberungsaktionen und wiederholt kritisiert und gedemütigt worden war, hätte Mao leicht diskreditieren können, hat es aber nie getan. Anders verhielt es sich mit der Kulturrevolution. Während das Zentralkomitee darauf bestand, dass Maos Fehler „sekundär und seine Verdienste primär" waren, erließ der 11. Parteikongress im Juni 1981 eine historische Resolution, in der es hieß: „Die Praxis hat gezeigt, dass die „Kulturrevolution" de facto keine Revolution oder in irgendeiner Hinsicht einen sozialen Fortschritt dargestellt hat … Die Hauptverantwortung für den gravierenden Fehler der Kulturrevolution, einen Fehler mit großen und weitreichenden Folgen, trägt Genosse Mao Tse-tung. In seinen späten Jahren hat er weit davon entfernt, eine korrekte Analyse der vielen Probleme vorzunehmen, Richtig und Falsch und das Volk mit dem Feind verwechselt. Dies ist seine Tragödie."

热烈庆祝粉碎"四人帮"篡党夺权阴谋的伟大胜利！

Eine halbe Million Menschen feiert im Volksstadion „den großen Sieg über die Verschwörung der Viererbande, die die Führungsmacht und die Partei übernehmen wollte" (Aufschrift auf dem Banner) und das Ende der Kulturrevolution.

Harbin, 23. Oktober 1976

EPILOG

Nach Maos Tod und der Verhaftung der Viererbande im Herbst 1976 wurde die Kulturrevolution, in die Millionen Menschen aller Gesellschaftsschichten verstrickt waren, von denen viele an der Macht blieben, totgeschwiegen. Eine bemerkenswerte Ausnahme war die Publikation des Artikels „Unter Monstern und Dämonen?“ im Jahr 1979, in dem der Fall einer 52-jährigen Frau namens Wang Shouxin, einer lokalen Parteisekretärin und Managerin des Kohleunternehmens Bin in der Provinz Heilongjiang, die etwa 100 000 Dollar veruntreut hatte, aufgedeckt wurde. Wang, vor der Revolution eine kleine Kassiererin, hatte eine Rebellengruppe gegründet und sich von der Woge der Revolution an die Macht tragen lassen. Später konsolidierte sie ihre Macht durch ein ausgeklügeltes Netz aus persönlichen Verbindungen, die sie unter dem nebulosen Deckmantel radikaler Politik geknüpft hatte.

Der von dem während der Kulturrevolution denunzierten Journalisten Liu Binyan verfasste Artikel „Unter Monstern und Dämonen?“ machte die „Kohlekönigin“ von Bin landesweit bekannt. Der Fall, von manchen als symptomatisch für die landesweit üblichen Schiebungen angesehen, zeigte, dass die Kanäle der Macht, lange nachdem die Parolen der Kulturrevolution verstummt waren, intakt geblieben waren und zu einer neuen Spielart der Machtausübung geführt hatten: Jene, die durch die Revolution an die Macht gekommen waren, nutzten diese in der Folge durch persönliche Verbindungen aus.

Der berühmte Prozess der „größten Veruntreuerin seit der Gründung des neuen China“ rückte die Provinz Heilongjiang erneut in das Interesse der Öffentlichkeit. Nach einem dreitätigen öffentlichen Prozess in Harbin wurde Wang schuldig gesprochen. Das Todesurteil, das viele angesichts der Gewalttaten, die zu jener Zeit an der Tagesordnung waren, übertrieben hart fanden, wurde im Februar 1980 verkündet und vollstreckt.

Wang Shouxin, eine Rebellin und lokale Parteisekretärin während der Kulturrevolution, wird vor einer Zuschauermenge von 5000 „Gästen" in die Arbeiterarena von Harbin gebracht, um ihr Urteil wegen „Veruntreuung" zu vernehmen.

Um Wang daran zu hindern, ihre Unschuld zu beteuern, wird ihr von den Justizbeamten der Kiefer ausgerenkt (unten), bevor sie mit einem Lastwagen zu einem schneebedeckten Feld in der Umgebung von Harbin gebracht wird (rechte Seite und folgende Seiten).

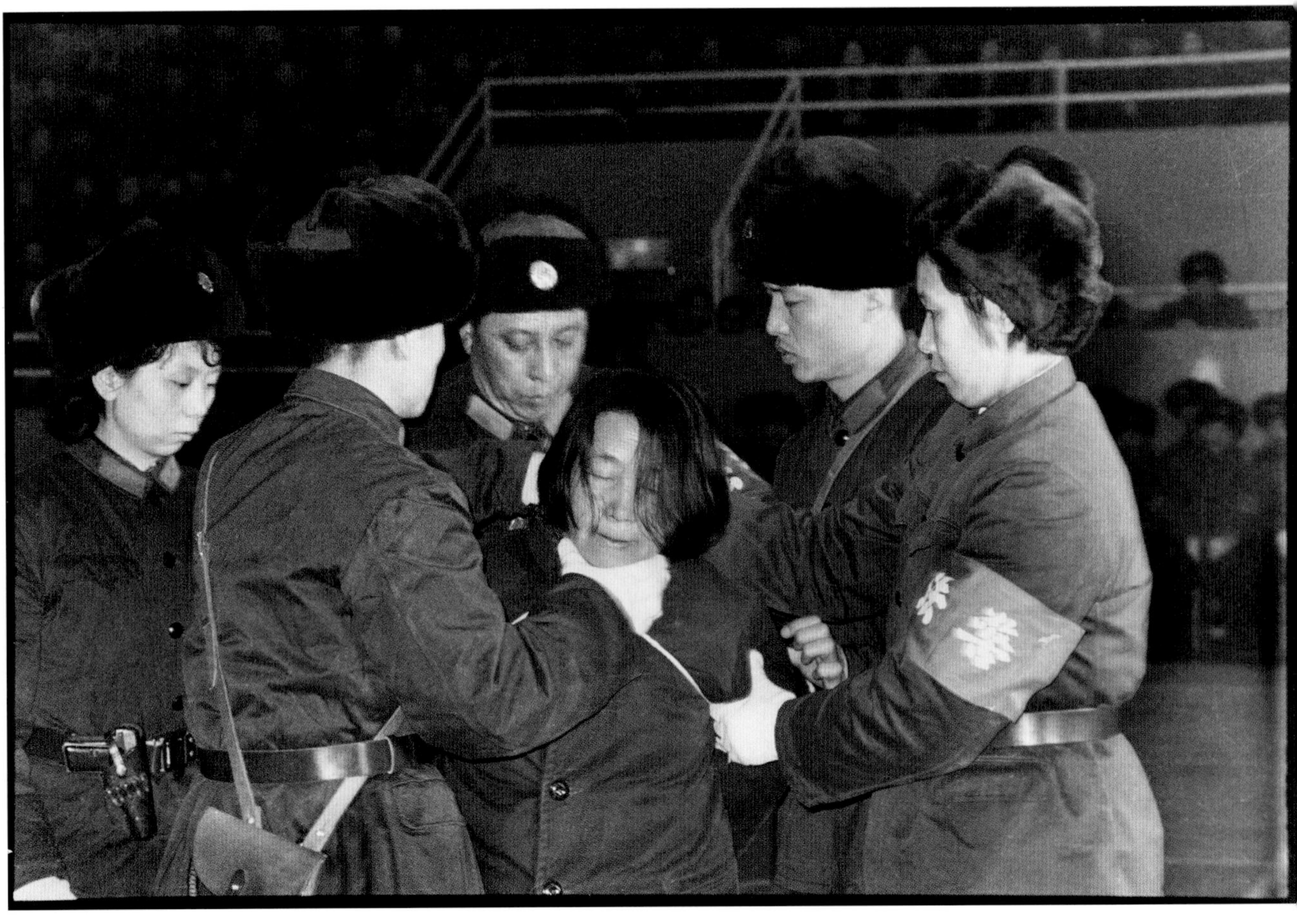

Harbin, 8. Februar 1980

07-07690

07-07690

07-07690

Wang Shouxin wird auf einem schneebedeckten Feld, 30 Kilometer südöstlich von Harbin, von der Ladefläche des Lastwagens geführt und wartet auf die Vollstreckung des Todesurteils.

Umgebung von Harbin, 8. Februar 1980

Ein Wächter überreicht Wang Shouxins Henker eine einzige Kugel.

Stadtrand von Harbin, 8. Februar 1980

Stadtrand von Harbin, 8. Februar 1980

CHRONOLOGIE, INDEX

1911 Sturz der Qing-Dynastie, die seit 1644 an der Macht war. Sun Yat-Sen ruft am 10. Oktober eine provisorische republikanische Regierung aus. Mao Tse-tung schließt sich der Armee der Aufständischen an.

1912 Gründung der Nationalistischen Partei Chinas (Guomindang).

1914 (Juni): Ausbruch des Ersten Weltkriegs.

1915 Japan erobert Qingdao, eine deutsche Kolonie in China.

1917 China schließt sich den Alliierten im Ersten Weltkrieg an.
(Oktober): Bolschewistische Revolution in Russland

1918 (November): Ende des Ersten Weltkriegs;
Mao Tse-tung macht das Abschlussexamen in der Lehrerbildungsanstalt der Provinz Hunan, in der er am 26. Dezember 1893 geboren wurde.

1921 Gründung der Kommunistischen Partei Chinas (KPCh) in Schanghai, Mao Tse-tung wird Sekretär der KPCh.

1921–22 China erlangt wieder die Oberhoheit über Shandong, das durch den Vertrag von Versailles 1919 als Zugeständnis der Deutschen den Japanern zugesprochen wurde.

1922 (September): Mao Tse-tung organisiert einen Bergarbeiterstreik in Anyuan (Hunan). Tschou En-lai gründet die Revolutionäre Jugendliga in Paris.

1925 Josef Stalin wird Nachfolger von Wladimir Lenin, der 1924 starb.
(März): Tod von Sun Yat-Sen.

1926 Mao schreibt die *Analyse der Klassen in der Chinesischen Gesellschaft*.

1927 Chiang Kai-shek besiegt die Kommunisten in Schanghai.

1928 Mao und Zhu De entwickeln eigene Herrschaftsgebiete, die so genannten „Sowjets", in den südlichen Provinzen und formieren die ersten Truppen der „Roten Armee".

1930 Yang Kaihui, Maos erste Frau, und Maos jüngere Schwester werden von den Nationalisten in Changsha (Hunan) enthauptet.

1931 Chinesisch-japanische Krise wegen der Mandschurei.
Mao wird Vorsitzender einer Nationalen Sowjetregierung in den drei Provinzen (Heilongjiang, Jilin und Liaoning).

1932 Die Japaner besetzen Schanghai.
Japan gründet den Marionettenstaat Mandschukuo, an dessen Spitze der ehemalige Kaiser von China Pu Yi steht.

1934–35 Die Rote Armee beginnt unter der Führung von Mao Tse-tung den Langen Marsch von den Provinzen Hunan und Jiangxi in die Provinz Shaanxi im Norden, an dem auch Tschou En-lai, Zhu De, Lin Biao, Deng Xiaoping und Liu Shaoqi teilnehmen.

1935 Mao errichtet eine kommunistische Basis in Yanan (Shanxi).
He Zichen, Maos zweite Frau, erkrankt an Krebs und wird in Moskau behandelt. Mao macht die Bekanntschaft von Jiang Qing und lässt sich von He Zichen scheiden.
Sein älterer Bruder Mao Zitan wird gegen Ende des Langen Marsches im Kampf getötet.
(Dezember): Studentenrevolte gegen die Japaner in Peking.

1937 (Dezember): Die japanische Armee dringt in die Stadt Nanjing (Jiangsu), das Hauptquartier der kommunistischen Regierung, ein. Nationalisten und Kommunisten gehen gemeinsam gegen die Invasoren vor.

1939 (September): Ausbruch des Zweiten Weltkriegs. Im August noch unterzeichnen Hitler und Stalin einen Nichtangriffspakt.
Jiang Qing wird Maos dritte Frau.

1940 (21. August): Geburt von Li Zhensheng in Dalian (Liaoning).

1941 Angriff der Japaner auf Pearl Harbor (Hawaii). Eintritt der USA in den Zweiten Weltkrieg.
China erklärt Japan, Deutschland und Italien den Krieg.

1943 Mao Zemin, Maos jüngerer Bruder, wird von der Guomindang hingerichtet.

1945 (8. Mai): Kapitulation Deutschlands, Ende des Zweiten Weltkriegs.
(August): Die USA wirft zwei Atombomben auf die japanischen Städte Hiroshima und Nagasaki ab, Japan kapituliert, Taiwan geht an China zurück.

1947 (Mai): Maos Rote Armee bekämpft die Truppen von Chiang Kai-shek. Unter Führung von Lin Biao erringt die Rote Armee bei Jilin einen bedeutenden Sieg.
(Dezember): Die Rote Armee wird zur Volksbefreiungsarmee (VBA).

1949 (September): Li Zhenli, der ältere Halbbruder von Li Zhensheng, schließt sich freiwillig den Kommunisten an und wird im Alter von 17 Jahren getötet. Li wird nach Roncheng (Shandong), in die Heimat seiner Familie, gebracht.
(1. Oktober): Ausrufung der Volksrepublik China; Mao wird Präsident der Kommunistischen Partei Chinas, Staatsoberhaupt und Vorsitzender der Militärkommission des Zentralkomitees. Tschou En-lai wird zum Premierminister ernannt. Chiang Kai-shek flieht nach Taiwan.
(Dezember): Bei seiner ersten Auslandsreise trifft Mao Josef Stalin in Moskau, wo er zwei Monate bleibt.

1950–53 Koreakrieg

1950 Li Zhensheng kehrt nach Dalian zurück.
(14. Februar): Mao und Stalin unterzeichnen einen Freundschafts- und Beistandspakt.
Verabschiedung des Ehe- und des Agrargesetzes.
(September): UNO-Truppen landen in Korea, die ersten chinesischen Freiwilligen im Norden folgen im Oktober.
(Oktober): China annektiert Tibet.
(25. Oktober): Mao Anying, Maos ältester Sohn, stirbt in Korea.

1952 Erster Wasserstoffbomben-Test in den USA.

1953 (März): Tod Stalins, des Vorsitzenden des Rats der Volkskommissare der UdSSR.

1954 Genfer Verträge: Frankreich zieht seine Streitkräfte aus Indochina ab.
Nikita Chruschtschow kommt erstmals nach Peking.

1955 Tschou En-lai vertritt China auf der Afro-Asiatischen Konferenz in Bandung, Indonesien, an der 29 nicht-alliierte Länder teilnehmen.

1956 Li Zhensheng besucht die Hochschule in Dalian und beginnt zu fotografieren.
(Februar): Beim XX. Kongress der Kommunistischen Partei der Sowjetunion wird „Persönlichkeitskult" angeprangert.
(Mai): Hundert-Blumen-Bewegung in China.
(September): VIII. Kongress der KPCh, Deng Xiaoping wird Generalsekretär des Zentralkomitees und kritisiert die UdSSR.

1957 Die Hundert-Blumen-Bewegung wird auf eine „Kampagne gegen Rechtsabweichler" ausgedehnt.
(4. Oktober): Die UdSSR startet den Sputnik, den ersten künstlichen Erdsatelliten.
(November): Nikita Chruschtschow empfängt Mao Tse-tung in Moskau auf dessen zweiter und letzter Auslandsreise.

1958 Der Große Sprung nach vorn: Gründung der landwirtschaftlichen Kommunen.

1959 Scheitern des Großen Sprungs nach vorn; eine Hungersnot breitet sich im Land aus.
(März): Die chinesischen Behörden schlagen die Rebellion in Tibet nieder. Der Dalai Lama flieht nach Indien.
(April): Liu Shaoqi wird Präsident von China.
(1. Oktober): Nach einer Reise in die USA kommt Nikita Chruschtschow nach China.

1960 Li Zhensheng besucht die Filmschule von Changchun (Jilin). Lin Biao gibt das Kleine Rote Buch als Handbuch der VBA heraus.
(April): Studentenaufstände (125 Tote und 1000 Verwundete) in Südkorea: Präsident Syngman Rhee tritt zurück.
(Juli): Die UdSSR zieht alle ihre Berater aus China zurück.

1961 China wird auf dem XXII. Kongress der Kommunistischen Partei der Sowjetunion scharf kritisiert. Tschou En-lai verlässt Moskau; Bruch zwischen den beiden Ländern.
(13. August): Die Deutsche Demokratische Republik (DDR) errichtet die Berliner Mauer, die erst 1989 fiel.

1962 Die Filmschule von Changchun wird zur Schule für Fotojournalismus.
Sozialistische Erziehungsbewegung im ländlichen China.
Krise zwischen der UdSSR und den USA wegen der Stationierung sowjetischer Raketen auf Kuba. Chruschtschow zieht sie im Oktober zurück.

1963 Li findet Arbeit in der Fotoabteilung des *Heilongjiang Tagblatts* in Harbin (Heilongjiang).
(22. November): John F. Kennedy, der Präsident der Vereinigten Staaten, wird in Dallas, Texas, ermordet.
Tschou En-lai besucht mehrere afrikanische Länder.

1964 (27. Januar): Charles de Gaulle erkennt die Volksrepublik China an.
(Oktober): Li Zhensheng geht im Rahmen der Sozialistischen Erziehungsbewegung aufs Land.
(16. Oktober): Erster chinesischer Atombombentest.

1965 Der amerikanische Präsident Lyndon Johnson entsendet Truppen nach Südvietnam. Zahllose Luftangriffe im Norden des Landes.

1966 (16. Mai): Offizieller Start der Großen Proletarischen Kulturrevolution in China.
(16. Juli): Schwimm-Aktion von Mao Tse-tung im Yangzi.
(5. August): Mao schreibt seine Wandzeitung „Bombardiert das Hauptquartier".
(18. August): Mao Tse-tungs erster Auftritt vor den Roten Garden auf dem Tiananmen-Platz in Peking.
(Herbst): Li Zhensheng gründet das „Rote Jugend-Kampfteam" bei der Zeitung.

1967 (Januar): Die Armee wird in die Kulturrevolution involviert.
(April): Präsident Liu Shaoqi wird beschuldigt, im Januar 1966 einen Anschlag auf Mao geplant zu haben; Angriffe gegen „Bourgeois" und „Revisionisten".
(Mai): Schwerwiegende Zusammenstöße zwischen der Volksbefreiungsarmee und den Roten Garden in Peking und anderen Städten des Landes.
(17. Juni): Explosion der ersten Wasserstoffbombe in China.
(August): Das Achte Zentralkomitee der DDR billigt die Kulturrevolution und Maos Wirtschaftspolitik.
(Sommer): Aufstand in einigen Städten und Provinzen, vor allem in Wuhan (Hubei).
(Oktober): Pu Yi, der letzte Kaiser von China, stirbt in Peking.

1968 (Januar): Nordkorea bringt das amerikanische Spionageschiff *Pueblo* in seine Gewalt.
(Mai): Studentenunruhen und Generalstreik in Paris.
(20. August): Der Prager Frühling wird niedergeschlagen.
(Oktober): Geburt von Xiaohan, Sohn von Li Zhensheng und Zu Yingxia.
(26. Dezember): Li Zhensheng wird öffentlich beschuldigt, ein „Neo-Bourgeois" und „ausländischer Agent" zu sein.

1969 (April): Beim IX. Kongress der KPCh wird Lin Biao zu Maos Nachfolger ernannt.
(Juli): Die Amerikaner Buzz Aldrin und Neil Armstrong landen auf dem Mond.
(6. September): Li wird zur Umerziehung auf die 7.-Mai-Kaderschule von Liuhe geschickt.
(November): Tod von Liu Shaoqi, der erst fünf Jahre später öffentlich bekannt gemacht wird.

1970 Militärstreich durch General Lon Noi in Kambodscha. Prinz Norodom Sihanouk wird gestürzt. Er lebt im Exil in Peking.

1971 (September): Gescheiterter Versuch, Mao zu stürzen; Lin Biao flieht in die UdSSR; sein Flugzeug explodiert über der Mongolei.
(Oktober): Die Volksrepublik China nimmt Taiwans Sitz in den Vereinigten Nationen ein.

1972 Li Zhensheng wird rehabilitiert und zum Leiter der Fotoabteilung des *Heilongjiang Tagblatts* ernannt.
(Februar): Geburt von Xiaobing, Tochter von Li Zhensheng.
(Februar): Treffen zwischen Mao und dem amerikanischen Präsidenten Richard Nixon.
Aufnahme diplomatischer Beziehungen zwischen China und Großbritannien sowie mit der Bundesrepublik Deutschland.

1973 (Januar): Konfrontation der zwei Fraktionen innerhalb der Kommunistischen Partei Chinas, zwischen den von Maos Frau Jaing Qing angeführten Radikalen und den Moderaten wie Tschou En-lai und Deng Xiaoping.
(April): Deng wird zum Vize-Premierminister ernannt.
(16. September): Der französische Präsident Georges Pompidou trifft Mao in Peking.

1974 (August): In den Vereinigten Staaten tritt Richard Nixon nach dem Watergate-Skandal zurück.
Die Mao-Porträts von Andy Warhol aus dem Jahr 1972 werden erstmals ausgestellt (Galliéra Museum in Paris).

1975 (April): Tod von Chiang Kai-shek in Taiwan.
(17. April): Die Roten Khmer nehmen Phnom Penh ein.
(30. April): Die Kommunistischen Truppen Vietnams nehmen Saigon ein, Ende des Vietnamkriegs.
(Dezember): Offizieller Chinabesuch des amerikanischen Präsidenten Gerald Ford, Treffen mit Mao.

1976 (8. Januar): Tod von Tschou En-lai.
(Februar): Tod von Li Zhenshengs Vater Li Yuanjian.
(April): Hua Guofeng wird nach Tschou En-lai Premierminister.
(28. Juli): Zwischen 250.000 und 750.000 Personen sterben infolge eines Erdbebens in Tangshang, südöstlich von Peking.
(9. September): Tod von Mao Tse-tung.
(6. Oktober): Hua befiehlt die Verhaftung der Viererbande (Jiang Qing, Yao Wenyuan, Zhang Chunqiao und Wang Hongwen), die das Ende der Kulturrevolution kennzeichnet.
Die Nachfolge Maos als Parteivorsitzender tritt Hua Guofeng an.

1977 Deng Xiaoping wird rehabilitiert.

1978 Deng wird von 1981 bis 1989 zum Vizepremierminister an der Spitze der Kommission für Militärangelegenheiten. Er nimmt die wirtschaftliche Modernisierung in Angriff und startet die Politik der „offenen Tür".

1979 (1. Januar): Die diplomatischen Beziehungen zu den Vereinigten Staaten werden offiziell wieder aufgenommen.
(28. Januar): Offizieller Besuch von Deng Xiaoping in den USA unter der Präsidentschaft von Jimmy Carter.

1980 Li Zhensheng beginnt an der Abteilung für Journalismus am Institut für Internationale Politikwissenschaft der Universität Peking Fotografie zu unterrichten.

Dank

Dieses Buch ist allen Opfern und Leidtragenden der Kulturrevolution gewidmet.

Die Arbeit an dem Buch *Roter Nachrichtensoldat* nahm viele Jahre in Anspruch, viele Menschen auf der ganzen Welt haben an dem Projekt mitgearbeitet.

Mein besonderer Dank gilt:
Robert Pledge, der dieses vielschichtige Projekt konzipierte und redigierte und das Manuskript seit den Anfängen im Jahr 1988 in jeder Projektphase akribisch kontrollierte;
Jacques Menasche, der nach dreijähriger historischer Recherche und Hunderten von Tiefeninterviews den Text zu dem Buch gestaltete;
Jiang Rong, dessen Übersetzung die Brücke zwischen den sehr unterschiedlichen Kulturen schlug, und ohne dessen Mittlertätigkeit dieses Buch nie entstanden wäre;
meiner Tochter Li Xiaobing, die bei der Recherche und der Übersetzung, insbesondere der detaillierten Bildlegenden, mithalf;
Jonathan Spence, Professor an der Yale University, der die eloquente und profunde Einleitung beisteuerte;
Zhang Aiping, dem ehemaligen Vizepremier und Verteidigungsminister, der die Kalligraphie für den Buchumschlag anfertigte und dessen frühe Unterstützung mich in dem Glauben bestärkte, dass ein solches Buch tatsächlich realisierbar ist;
der Belegschaft von Contact Press Images, insbesondere Dominique Deschavanne, die das Projekt in Paris koordinierte, und Tim Mapp in New York, der alle technischen Probleme des Drucks und Einscannens der Bilder löste. Des Weiteren Jeffrey Smith, Franck Seguin, Nancy Koch, Samantha Box für ihre Assistenz während der Buchproduktion.
Allen Mitarbeitern von Phaidon Press, insbesondere den Lektorinnen Karen Stein und Valérie Vago-Laurer für ihr Durchhaltevermögen und ihre Geduld sowie Julia Hasting für ihr schönes Design.
Des Weiteren danke ich Amanda Renshaw und dem Herausgeber Richard Schlagman für ihre Begeisterung und ihren Glauben an dieses Buch;
Peter Wang (Wang Geng), dem Vorsitzenden von Redstone Images, der – unter anderem mit Hilfe meines Sohnes Li Xiaohan – die Fotografien mit großer Sorgfalt einscannte.
Carma Hinton, unabhängige Filmemacherin, Begründerin und Vorsitzende der Long Bow Group,
Nancy Hearst, Bibliothekarin des Fairbank Center for East Asian Research an der Harvard University und Professor Geremie R. Barmé der Australian National University, der für detaillierten historischen Rat zu Text und Bildlegenden zur Verfügung stand.
Guo Cunfa, dem stellvertretenden Vorsitzenden des Photographic Center der *Heilongjiang Tagblatt* Enterprise Group in Harbin, der wesentliche Fakten zur Kulturrevolution aus dem Archiv der Zeitung, für die ich tätig war, beitrug.
Gabriel Bauret, Joe Regal, Li Shi, Liu Xin, Liao Bilan, Tal Halevi, Zohra Mokhtari und Zuo Cui für ihren wertvollen Rat und ihre Unterstützung während des gesamten Projekts.
Wan Jiyao, Xu Wanyu, Liu Qixiang, Wang Hongben, Liu Guoqi, Xin Hua – den Fotografen, die ihre Fotos von mir zur Verfügung stellten.

All jenen Lehrern und Freunden in China, die vor langer Zeit mein Leben prägten: Wu Yingxian, meinem Mentor, der mir 1961 sagte: „Es ist nicht Aufgabe des Fotografen, Zeuge der Geschichte zu sein, sondern Geschichte aufzuzeichnen."
Dem Filmkünstler Ge Weiqing, der mir sagte: „Erst wenn du Schwierigkeiten zur treibenden Kraft deines Lebens verwandelt hast, kannst du den Höhepunkt deiner Laufbahn erreichen."
Des weiteren Xing Shinliang, Lin Xianjuan, Liu Wenshan, Dong Jigang, Zhang Shouyu für ihr tiefes Verständnis und ihre Freundschaft.

Abschließend möchte ich meiner Familie danken:
Li Xingcun, meinem Großvater und erstem Lehrer, der mir den Namen „Zhensheng" gab, Li Yuanjian, meinem Vater, der mich trotz vieler Schwierigkeiten während meines Studiums an der Filmschule unterstützte.
Des Weiteren Chen Hilan, meiner leiblichen Mutter, die mir und meiner Schwester das Leben schenkte und starb, als ich drei Jahre alt war, Wang Shuying, meiner Stiefmutter, die mich und meine Schwester wie eigene Kinder aufzog und sich um meinen kleinen Sohn kümmerte, als meine Frau und ich in die 7.-Mai-Kaderschule „hinuntergeschickt" worden waren; Zu Shoushan, meinem Schwiegervater, der der Ehe mit seiner Tochter zustimmte, ohne mich je getroffen zu haben, und während der Kulturrevolution Selbstmord beging; Zu Guanshi, meiner Schwiegermutter, die kurz nach der Geburt meines Sohnes nach Harbin kam, um sich um meine Frau zu kümmern, obwohl ihr Mann kurz davor in den Tod getrieben worden war; Li Zhenli, meinem Halbbruder, der im Alter von 16 Jahren in Maos Armee eintrat und während des Befreiungskriegs starb; Li Shufang, meiner Schwester, die sich viele Jahre lang um unsere alten Eltern kümmerte, sodass ich mich auf mein Studium und meine Arbeit konzentrieren konnte; meinem Sohn, Li Xiaohan, der mir gemeinsam mit meiner Tochter Li Xiaobing half, das Material und die Fotografien zu sichten – und zuletzt ganz besonders meiner Frau Zu Yingxia, die mir in den schwierigen Jahren der Kulturrevolution zur Seite stand. In den 35 Jahren unserer Ehe hat sie mir stets aufrichtiges Verständnis entgegengebracht und mich selbstlos unterstützt.

Ich möchte all jenen danken, die mich mit ihrer Ermutigung und ihrer Liebe unterstützten, die die treibende Kraft meines Lebens war. Ich möchte aber auch jenen danken, die mich hassten und meinen Erfolg aus Eifersucht zu verhindern suchten. Aufgrund ihrer Machenschaften und Unterdrückungsmanöver bin ich an den Zeiten der Not gewachsen.

Darüber hinaus gilt mein Dank all jenen, die mich unterstützten und die aus Platzmangel in diesem Rahmen nicht namentlich angeführt werden können.

•

Li Zhensheng wurde 1940 in China geboren. Er absolvierte die Changchun-Filmschule in Jilin und begann als Fotojournalist beim *Heilongjiang Tagblatt*. Im Oktober 1964 wurde er im Rahmen der Sozialistischen Erziehungsbewegung aufs Land geschickt. Im März 1966, vor dem Ausbruch der Kulturrevolution, kehrte er nach Harbin zurück. Im Dezember 1969 wurde er zur „Umerziehung" auf die 7.-Mai-Kaderschule von Liuhe geschickt. Zurück bei der Zeitung, wurde er 1971 Leiter der Fotoabteilung. 1982 wurde er Lehrbeauftragter für Fotografie an der Abteilung für Journalismus des Instituts für Politikwissenschaft in Peking. Derzeit widmet er sich der Forschung und dem Schreiben.

Robert Pledge wurde 1942 in England geboren. Er wuchs in Frankreich auf und begann seine berufliche Laufbahn als Journalist mit dem Spezialgebiet Afrika. 1976 wurde er Mitbegründer von Contact Press Images in New York. Er initiierte und kuratierte zahlreiche Ausstellungen wie etwa *Contact: Photo-journalism Since Vietnam* im Jahr 1987, die erste zeitgenössische westliche Fotojournalismus-Ausstellung in der Volksrepublik China.

Jacques Menasche wurde 1964 in den USA geboren. Er promovierte an der Universität New York und wurde Journalist. Sein Bericht über den 11. September erschien in *NewYorkSeptemberElevenTwoThousandOne* (2001). Für die *New York Daily News* berichtete er über den Krieg in Afghanistan.

Jonathan D. Spence wurde 1936 in England geboren und ist Professor für Geschichte an der Yale University. Er ist einer der profiliertesten Chinaexperten der Welt und Autor richtungweisender Bücher wie *The Search for Modern China* (1990) (Deutsch: *Chinas Weg in die Moderne*) und *Mao Zedong* (2002) (Deutsch: *Mao*).

Zhang Aiping (Kalligraphie) wurde 1910 in China geboren. Er nahm am Langen Marsch teil, wurde 1955 General und kontrollierte Chinas Nuklearprogramm. Während der Kulturrevolution wurde er denunziert und verbrachte fünf Jahre im Gefängnis. Unter Deng Xiaoping war er Vizepremier und Verteidigungsminister.

Jian Rong (Übersetzung) wurde 1962 in China geboren. Er studierte Sprachen und promovierte 1982 an der Universität in Schanghai. Seit 1989 arbeitet er als Übersetzer im Hauptquartier der Vereinten Nationen in New York.

Li Xiaobing (Recherche und Übersetzung) wurde 1972 in China geboren. Er studierte Journalistik an der Renmin-Universität in Peking; derzeit lebt und arbeitet er in New York.

Phaidon Verlag

Oranienburger Straße 27

D–10117 Berlin

www.phaidon.com

Deutsche Erstausgabe 2003

ISBN 0 7148 9381 1

Übersetzung aus dem Englischen von Martina Bauer

Buchgestaltung von Julia Hasting

Gedruckt in Italien